成功している人がやっている
波動の習慣

Success
Vibration

「サクセス・
バイブレーション」を
身につけたら、
人生は
思いどおりになる!

経営コンサルタント
桑名正典
Kuwana Masanori

ONE PUBLISHING

まえがき――
成功者は、才能ではなく「成功するための波動」を身につけていた！

「15年前にいた人は、ほとんどみんないなくなった！」

これは、昔とてもお世話になった方と先日お話しした内容であり、成功や願望実現などを謳うセミナー業界で起こっているリアルなお話です。

事実、ある一瞬だけ活躍する人と、ずっと長く活躍する人はまったく異なり、前者は大勢いるものの、後者はごくごくわずかです。

何が違うかというと、**「時代の波に乗っているか」**ということと、**「成功するための波動を身につけているか」**ということです。

ある一瞬だけ活躍するには、「時代の波に乗る」ことで可能です。そのとき多くの人が必要としていることを提供すればいいので、多くの人が必要としていることを提供できるだけの才能やスキルがあれば、ある一瞬活躍することができます。
しかし、それには「それが流行ったときに才能やスキルを持っている必要がある」のです。だから、それを持たない多くの人はうまくいきません。

一方で、**長く活躍する人は、才能ではなく、「成功するための波動を身につけている」ということが大きなポイントです。**この波動の仕組みについては、本文で詳しくお話しします。

もちろん才能は必要なのですが、それは今からでも身につけることができるものです。それよりも、成功には「波動」というものが関係しています。あなたもそれを身につけることで長く活躍できる人になれるのです。

これからさらに厳しくなるであろうこの時代を力強く生き残るには、とくに、この「成功するための波動」を身につける必要があると感じています。

端的に言えば、**これからの時代を幸せに、豊かに生き抜き、成功するためには、「成**

功するための波動を身につけ、あなたの代わりがいない人」になることです。

これが、これからの成功者の条件です。なぜなら、あなたの代わりがいない人にだけ、多くの仕事、人、情報、お金が集まるようになるからです。

そんな「成功するための波動」のことを、本書では「サクセス・バイブレーション」と呼んでいます。サクセス・バイブレーションを身につけることで、

・会社や社会、多くの人から必要とされ続ける
・多くの人から愛されながら、商品やサービスが売れ続ける
・多くの人に影響力を与え、尊敬を得ることができる

という状態になっていきます。

サクセス・バイブレーションは、コツコツと取り組んでいけば、どんな人でも身につけることが可能です。本書ではそのポイントをお伝えしますので、これからの時代を力強く生き抜く参考にしてください。

２０２１年10月吉日

桑名《くわな》正典《まさのり》

成功している人がやっている 波動の習慣

目次

第2章 「自分にしかできない才能・スキル」を磨く
喜びを生む3つの力で、唯一無二の人になる！

第3章 多くの人にいい影響を与える「人間関係力」を高める
影響力と応援される力を身につけよう！

第4章 「最大の価値を創造する力」を持つ
創造する価値を最大化する「2つの力」を身につけよう！

第5章 さらに強い波動を手に入れ、成功し続ける秘訣 「もっと高みへ」といつも挑戦していく！

企画・編集協力／遠藤励起
本文イラスト／寺おか久美子・
装丁・デザイン／新井美樹

第1章

成功とは「あなたの代わりがいない人」になること

これからは「あなたの代わりがいる人」は生き残れない！

「新しい時代」に生き残り、成功する人とは

「ＡＩによって、多くの仕事が取って代わられる」
「リモートワークの推進」
「終身雇用の崩壊」
「副業解禁」
「年功序列の崩壊」

これからの社会について、様々なことが言われています。事実、これからの時代は、生き残れる人と生き残れない人がはっきりと分かれ、貧富の差も明確に広がっていくことが容易に想像されます。

怖がらせたり、脅すようなことはしたくはないのですが、この事実をしっかりと認識し、しっかりと対処をしていかないと、少しずつ少しずつ身動きが取りづらくなっ

てしまいます。

「ゆでガエル」という言葉をご存じでしょうか？　カエルはいきなり熱湯の中に入れると驚いて逃げ出すのですが、普通の水の中に入れて、その水を少しずつ熱していくと、カエルは逃げることもせずにやがて死んでしまうというお話です。

これはビジネスの世界でもよく使われるたとえ話です。

言われなくともお気づきでしょうが、今、時代は急速に変化しています。そんな変化している中で、時代に合わせて自分も変化していかないと、あるとき手遅れになっていることに気づきます。

そして手遅れになってしまったときには、なかなかリカバリーが難しい状態になります。私は本来のんびりした、しかも楽天的な性格なのですが、そんな私でも、今はとてもシビアな時代だと感じています。

それでは、これからの時代に生き残れる人、というよりも、**さらに幸せになり、豊かになる人はどのような人かというと、「あなたの代わりがいない人」**です。

「あなたの代わりがいない人」と聞いても、すぐには想像しづらいかもしれないので、逆に「代わりがいる人」について考えてみましょう。

自分の仕事において、「代わりになる人がいる」場合、次のようなことが起こってきます。

- **労働賃金が安くなる**
- **若い人に取って代わられる**
- **労働環境が悪化する**
- **よりよいサービスを提供している人にお客様を取られる**

代わりがいる人は、当然ですが労働賃金は安くなります。仮に安い賃金を受け入れなければ、安い賃金で働いてくれる他の人にその仕事が流れていくからです。

また、代わりがいる人の仕事は、より若い人に取って代わられる可能性が高いです。若い人のほうが身体が丈夫であることが多く、多少の無理がきくからです。

そして代わりがいる人は、労働環境が悪化する恐れがあります。なぜなら、世の中には「どんな条件でも働きます！」という人が驚くくらい多くいるからです。

そういった人は、労働時間や環境などの条件が悪くとも、その条件を受け入れて働くため、代わりがいる人の仕事がそのような人に流れてしまうか、それが嫌なら、その労働環境を受け入れざるを得ないようになってしまう可能性があるのです。

これらは実際に現実になりそうな状況ですし、すでに一部現実となっています。都内のコンビニなどでは、安い賃金を受け入れて一所懸命に働く外国人がほとんどになっています。

これからの時代を幸せに、豊かに生き抜き、成功するためには、**「あなたの代わりがいない人」になることです。もっと言うと、「あなたの代わりがいない人」は、これからの時代を生き抜くだけではなく、より幸せで豊かな人生を実現していきます。**

成功者は、いいものを引き寄せる「波動」を持っていた！

世の中にはお金だけではなく、いい情報や、素敵な仲間など、誰もが羨ましがる様々なものをすべて持っている人がいます。あなたもそんな人を一度は目にしたことがあることでしょう。

そんな人に憧れた方もいるでしょうし、逆に「ズルい！」と思った方もいるでしょう。「あなたの代わりがいない人」は、まさにそのような人です。

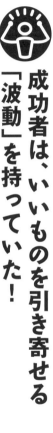

この世の中は平等であってほしいとは誰もが思うものですが、現実とは残酷なもので、平等にはできていません。

「あなたの代わりがいない人」には、いい出会い、いい情報、いい仕事、チャンスがたくさん集まります。

それらと同じものが「代わりがいる人」に集まらないわけではありませんが、得られる機会は少なくなってしまっているのがこの世界の実際のところです。認めたくはないお話かもしれませんが、これは紛れもない真実です。

ですが、もう一つのうれしい真実があります。それはあなたにも、いい出会い、いい情報、いい仕事、チャンスが集まるようになるということです。

気が合う人のことを「波長が合う」と言ったり、気持ちのいい場所のことを「ここは波動がいい」と言ったりすることがあります。

世の中にあるすべてのものは振動しており、そのもの特有の波を出しています。それを「波動」と言います。

「波長が合う」というのは、自分と気の合うその人は、似たような波を出しているということで、似たような波を出している人同士は話が合ったり、気が合ったりします。

また「ここは波動がいい」と言ったりするように、土地や建物、場所などにも波動があって、気持ちがいい場所があり、逆に気持ちが悪い場所があります。

じつは私たちに触れるものすべてに波動があり、もちろん、自分自身もある波動を持っています。つまり見える現実、出会う人、入ってくる情報、訪れる場所……、それらすべてに波動があるということです。

波動には、「共鳴現象」という「同じ波を持った者同士が響き合う」という性質があります。

これを現実的な現象として解説すると、「自分の波動と同じような波動を持った現実を体験し、自分の波動と同じような波動を持った人と出会い、自分の波動と同じような波動を持った情報が入ってきて、自分と同じような波動を持った場所を訪れる……」となります。これが、とても重要な波動の性質です。

つまり、**あなたがいい波動を持っていれば、あなたはそのいい波動と似たような波動であるいい現実、いい人、いい情報などと出会う**ようになり、逆にあなたが悪い波動を持っていれば、あなたはその波動と似たような波動である悪い現実、悪い人、悪い情報などと出会います。

「あなたの代わりがいない人」に、いい出会い、いい情報、いい仕事、チャンスが集中して集まる理由はここにあります。

「あなたの代わりがいない人」は、いい出会いや、いい情報、いい仕事、チャンスを引き寄せる波動を持っているからです。

私はそれを「サクセス・バイブレーション」と呼んでいます。

「サクセス・バイブレーション」とは、高くて強い波動

ふだん「あの人は波動が高い」と言ったりすることも多いため、波動と聞くと波動の高さをイメージする方もいます。

だから、「サクセス・バイブレーションを持ち、出会いや情報など様々なものが集まるあなたの代わりがいない人は、さぞかし『いい人』だろう」と思われるかもしれませんが、いい人だけではそうはなりません。

「あの人、いい人なんだけどね……」

というセリフがよく聞かれるように、世の中にはいい人なのにうまくいかない人、いい人なのにいいご縁に恵まれない人、いい人なのに周囲の人に搾取されるような人も多くいます。

いい人は、確かに波動は高いです。でも、いい人なのにうまくいかない理由は、一言で言えば、**波動が弱い**からです。

この世界には高い波動のものや人から、低い波動のものや人まで、ありとあらゆる波動の世界があり、今の自分の波動と同じようなものが見えています。

つまり、自分の波動が高ければいい出会いもあるし、いい情報も入ってくるし、いい現実も見えてくる……、というのが理想なのですが、現実には、人によってどれだけの数が回ってくるかが変わってきます。

つまり、多くのいい情報が回ってくる人と、わずかな情報しか回ってこない人に分かれます。それを決めているのが**波動の「強さ」**なのです。

波動には、高さのほかに強さがあり、波動が強いほうが、まわりに与える影響力が強くなります。

波動が高く、かつ強い人は、より多くの人やモノに影響を与えるため、いい出会い、いい情報、いい仕事、チャンスが集まるようになっています。

これが多くのいい出来事が回ってくる人と、回ってはくるものの、その量がわずかな人の違いです。

サクセス・バイブレーションとは、波動の高さだけでなく、「強さ」も兼ね備えた波動です。サクセス・バイブレーションを身につけることで、そのパワーを手に入れることができ、成功者になるのです。

サクセス・バイブレーションを身につけるための「3つの基礎力」

あなたの代わりがいない人が持っていて、いい出会い、いい情報、いい仕事、チャンスが集まるカギとなるサクセス・バイブレーション。それは、**どんな人でも身につけることができます。**

それには、

・**「自分にしかできない才能・スキル」を磨く**
・**「多くの人にいい影響を与える人間関係力」を持つ**
・**「最大の価値を創造する力」を身につける**

これらに取り組むことで、あなたもサクセス・バイブレーションを身につけることができます。

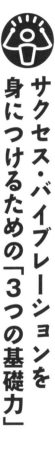

●「自分にしかできない才能・スキル」を磨く

サクセス・バイブレーションを持っている人は、才能やスキルに富んだ人です。それもただの才能やスキルというだけではなく、**「喜びを生み出す才能」「喜びを生み出すスキル」**です。

ただ何かを知っているとか、ただ何かができるというだけでは意味がなく、それを活用して喜びを生み出すことが必要です。

そのためには、アイデアを思いつき、実行し、時代に合わせて形を変え、継続的に喜びを生み出し続けることが大事です。

●「多くの人にいい影響を与える人間関係力」を高める

サクセス・バイブレーションは、波動の高さと強さの両方を持っているため、多くの人に影響を与えることができます。

そのために必要なのは、**「多くの人から信頼される力・応援される力」**です。

それらは「多くの人にいい影響を与える人は、どんなことをしているのか？」ということを見たり、同じことを実践していくことで養うことができます。

●「最大の価値を創造する力」を持つ

自分にしかできない才能やスキルがあって、いい影響を与える人間関係があったとしても、それを「最大の価値を創造する」ことに繋げないと何の意味もありません。**「自分にしかできない才能やスキルを分かち合い、最大限の価値を生み出す」**からこそ、多くのいい出会いや、いい情報などが集まるようになります。

「あなたの代わりがいない人」で、いい出会いや、いい情報、いい仕事、チャンスを引き寄せる波動を持つ、いわゆる成功者と言われる人、もっと言うと**成功し続ける人は、これらの基礎的な3つの力を高いレベルで持ち合わせています。**

この基礎的な3つの力を身につけることで、あなたにも次第にいい出会いや、いい情報、いい仕事、チャンスなどが引き寄せられるようになっていきます。

成功し続ける人が持っている3つの基礎力

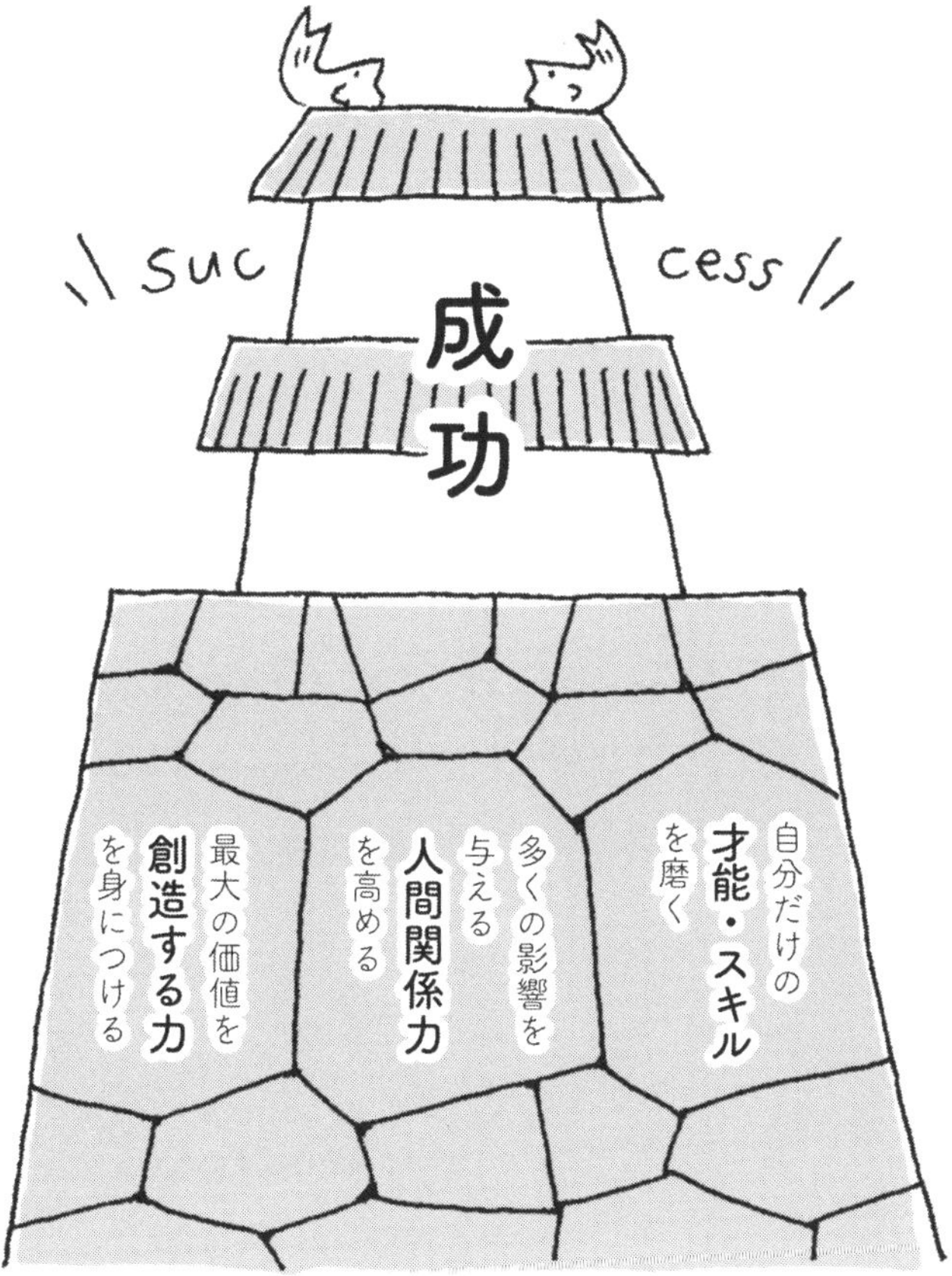

まずは、この３つの基礎力を身につけよう。
これが土台となって、大きな成功が築けるようになる。

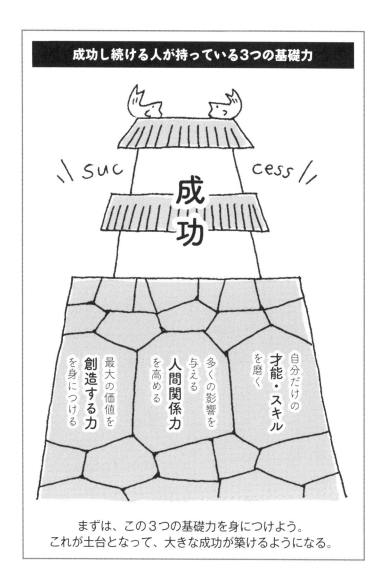

次章からはいよいよ、それぞれを身につける具体的な方法をお伝えするとともに、さらにあなたの波動を高く、強くできる様々な手法をお伝えします。

お伝えする方法に丹念に取り組んでいくことで、サクセス・バイブレーションを身につけることができます。

その結果「あなたの代わりがいない人」となり、多くのいい出会いや、いい情報、いい仕事、チャンスを引き寄せ、この新しい時代を力強く、幸せに豊かに生きていっていただければと思います。

第2章
才能・スキル「自分にしかできない」を磨く

喜びを生む3つの力で、
唯一無二の人になる!

「好きで才能があり価値がある」ことが大事

仕事において「あなたの代わりがいない人」を想像してみてください。

「代わりがいない」ということをもう少し分解していくと、その人は、

- **組織や社会にとって、「その人にしかできないこと」をしている**
- **組織や社会にとって、「その人にしかない価値」を提供している**

ということをしています。その人にしかできないことがあったり、その人にしか提供できない価値があるからこそ、他に代わる人がいない存在になれます。

では、**代わりがいない人が、なぜ突出した人材になれるかというと、「好き」で「才能」があって「価値」があるという3つを満たすことをやっている**からです。

●「好き」はモチベーションの源泉になるもの

「好きこそ物の上手なれ」という言葉がありますが、やっていることが好きであるというのは、仕事においてとても有利に働きます。なぜなら、「モチベーション」に関わってくるからです。

好きなことを仕事にしている人は、その仕事をどれだけやっても心が疲れることはありません。また、好きなことなので、言われなくても創意工夫をし、知的好奇心もかきたてられるので、自分から積極的に学んだり、追求しようとします。

私は30歳まではサラリーマンとして、研究試験会社に勤めていました。辞めることになった理由は様々ですが、その一つが「挫折したから」でした。

会社を辞める一年ほど前、そのとき所属していた事業所の所長から、「修行してこい！」という指示で、全社の頭脳集団の部署に異動になりました。

それはとても喜ばしいことで、当時の私自身も頑張ろうと思っていたのですが、実際にその部署に異動してみると、そこにいた上司や先輩たちの知的好奇心に圧倒されてしまいました。

その部署の上司や先輩たちは知的好奇心が旺盛なため、一つの案件に対し、お客様から要求された以上の追加調査を実施していくのです。

しかし、知的好奇心の乏しい私には、その追加調査が億劫でした。結果的にその後そこを辞めて自分で仕事を始めたので、正直なところ当時の私はその仕事をそこまで「好き」とは思えなかったため、ある意味当然の結果です。

しかし、必要以上の調査を実施した上司や先輩は、お客様から何を聞かれても対応できました。それはそのまま品質の向上に繋がり、他にはない価値あるサービスを提供できることになっていたのです。

仕事に対し、好きでやっているのかどうかは、モチベーションや成果において埋めがたい差を生み出します。

そして、代わりがいない人たちは皆、自分がやっている仕事が好きで、その仕事をすることに喜びを感じているのです。

●仕事に必要な「才能」を知り、開花させる

どんな人にも一つくらいは「才能やスキル」というものがあります。仕事とは、誰かに価値を提供し、その対価として報酬をいただくことなので、誰でもできることを提供していると代わりはいくらでもいますが、誰にもできないことを提供すると、代わりがいない人になれます。

そんな才能やスキルには、

・仕事に繋がるものと繋がらないもの
・開花している才能と可能性のままの才能

があります。

たとえば、キャンプ、マラソン、登山、旅行など、多趣味でいろいろなことができるのに、それが活かされない仕事をしている人がいます。

また、走るのが速かったり、人一倍力があったり、身体が柔らかかったりと身体能力に優れているのに、やっている仕事はパソコンのエンジニアなど、才能にあふれているのにそれが仕事に繋がらない人もいます。そのような人は、今ある才能やスキルが仕事に繋がっていない状態なのです。

また才能は、「今あるもの、今自覚しているもの」だけではありません。じつは「**自分は才能がない」と思っている人は、本当は才能がないのではなく、まだ自分の中にある才能が開花していないか、磨かれていないだけ**のこともあります。

今自覚している才能は開花している才能であり、それとともに「**開花せず、可能性のままになっている才能がたくさんある」**ことも知っておく必要があります。

代わりがいない人は、多くの才能やすごい才能に恵まれているように見えますが、ただ仕事に特化しているだけの場合もあるのです。

それ以外のところでは、できないことが多かったり、仕事で活かされている才能は元々持っていたものではなく、後天的に開花させたり、身につけたり、磨いたりしたものであることが多いものです。

ですから、**「自分の才能を知り、仕事に必要な才能を知り、今それがないのであれば、開花させたり、身につけたり、磨いていく」**というプロセスがとても大事になります。

そうすることで、自分にしかできない価値を提供できるようになったり、他の人ができることであっても、最も高い次元でそれを提供できるようになります。

●「価値のあること」を提供することにこだわる

代わりがいない人は、「価値提供」ということに重点を置いています。

仕事とは、誰かに価値を提供し、その対価として報酬をいただくことです。どんなに好きなことであっても、どんなに得意なことであっても、それを受け取る人や、価値を感じる人がいなければ価値は生み出されず、仕事にもなりません。

私のもとには「大好きなことを仕事にしたけど、うまくいかない」という方がよく相談に来ます。その理由は、「その人の好きなことではあるものの、それが誰かの役に立つものではなかったり、価値をうまく伝えられていないことで仕事がうまくいっていない」ということが多いのです。

仕事において代わりがいない人は、「その人にしか提供できない価値を持ち、提供しているかどうか」なのです。だからこそ、代わりがいない人は「価値提供」ということにこだわるのです。

そんな価値提供ですが、代わりがいない人は、

- **「どんな価値」を提供するか？**
- **「どれだけの価値」を提供するか？**

をいつも意識し、こだわります。

たとえば、自分がどれだけ好きなことであっても、自分以外の人や会社、社会に価値を提供できていなければ、仕事には役立ちません。また当たり前ですが、誰でも提供できるような価値でも、より多くの人に提供できれば、それだけ価値提供の量は多くなります。

代わりがいない人は、**「質の高い価値を提供する」**か、**「多くの人に価値を提供する」**か、さらには**「質の高い価値を多くの人に提供する」**といったことをしています。

サクセス・バイブレーションを身につけた代わりがいない人は、仕事において「好き」で「才能」があって「価値」のあることの3つを満たすことを意識し、こだわり続けます。

そうすることで、自分の才能をますます発揮し、自分自身が喜びながら、多くの喜びを生み出し、それが喜びであるがゆえに、さらに才能を磨き、提供する価値の創造を追求しています。

成功者が追い求める３つの力

「好き」は、
モチベーションの
源泉になるもの

仕事に必要な
「才能」を知り、
開花させること

「価値のあること」
を提供することに
こだわる

「好き」で「才能」があって
「価値」のあることを意識し、こだわり続ける。

だからこそ、その人にしかできないことをし、その人にしか提供できない価値を提供できるようになるのです。

成功者の「好きなことを仕事にしたい！」とは

「好きなことを仕事にしたい！」と思う人は多いでしょう。たとえば、服が好きでアパレルの仕事に就く人、旅行が好きで旅行会社に勤める人、漫画が好きで漫画家になった人、音楽が好きで音楽関係の仕事に就いた人など、好きなことが仕事につながる人もいます。

ただ、そういった人の中にも「好きだったのに、それが仕事になったら嫌になった」という方も結構います。

「好き」にもいろいろあって、「旅行が好き」「おいしい物を食べることが好き」「映画が好き」「漫画を読むのが好き」といった好きなことは、その行為やジャンルそのものが好きなことであって、仕事となるとそこに様々な要素が加わるからです。

なぜなら、「ただ好き」というものは自分個人の世界で完結できるものですが、仕事となると自分以外の他者が必ず関わってくるからです。

もちろん「ただ好き」を追求することだけで、それが仕事になる人もいます。前述したように、私が働いていた理系の研究の仕事をされている方には、そういった方が大勢います。

また、最近注目され人気のユーチューバーは、ただ大好きな絵を描いているとそれが評価された、ただ面白いことを追求していたらそれが受けて、仕事になったといったケースもあります。

そういった方々もいますがそれはごくごく僅かで、ほとんどの人にとっては、それは非現実的なものです。

また今の時代はとても速い速度で趣味嗜好、ニーズが変化するため、そういった人はたとえ一時的にうまくいっても、変化した時代のニーズに合わせられないと長く続かなくなってしまいます。

今はキャンプブームで、キャンプの配信をするユーチューバーもいますが、ブームが去ってしまうと見る人は減り、仕事として回らなくなってしまいます。

「仕事においての好き、喜び」というのは、趣味的な自己完結の好き、喜びとはちょっと違います。サクセス・バイブレーションを身につけた、代わりがいない人が感じている「仕事においての好き、喜び」というものは、

・「成長」できる
・「成果・達成感」が得られる
・「自己重要感」（認められる）が高まる
・「つながり」が得られる
・「探求・発見」できる
・「世界が広がる感」が得られる

成功者の仕事での好きと喜びとは

仕事で成功するためには、
「好きの6条件」を追い求めること。

ということで、私はこれを「好きの6条件」と呼んでいます。

嫌いな仕事や、興味がない分野の仕事の場合は論外ですが、嫌いではなく、ある程度興味もある仕事であるなら、これらを追求し達成することで、その仕事は好きで、やりがいのあるものに変わっていきます。

●「成長」できる

「できなかったことが、できるようになった」

「わからなかったことが、わかるようになった」

「お客様の層が変わってきた」

そういった成長が喜びになる人は多く、仕事によって「成長できる」と感じるとモチベーションがわいてきます。じつは、私自身の喜びもこの「成長」です。

このタイプの人は、仕事をすることで得られる成長がうれしいので、多少困難そうなことであっても自分の成長のためにチャレンジしていきます。

●「成果・達成感」が得られる

得られる成果や達成感が、喜びやモチベーションになる人です。年収や報酬などが最もわかりやすい例でしょう。多くの人が想像する成功者は、このタイプかと思います。

ただ、この「成果」というものには、年収や報酬以外にも、仕事がうまく回る仕組みづくりや、コスト削減、効率化などに喜びを感じる人もいます。

このタイプの人は「自分にとって何を得ることが喜びになるのか?」を知り、「仕事でそれが得られる」とわかれば、モチベーションがアップします。

そして成果を上げるためには、どんなことにも積極果敢にチャレンジしています。

●「自己重要感」(認められる)が高まる

自分が重要な存在だと感じられることが喜びになる人がいます。

たとえば自分が「スゴイ!」と思えるような何かを達成したり、誰かに褒められたり、多くの人から認められることなどです。

人から認められたいという欲求を「承認欲求」と言います。

承認欲求に対して否定的な価値観をお持ちの方も多いのですが、そんなことはありません。承認欲求そのものがダメなのではなく、その満たし方が人それぞれ異なるだけです。

サクセス・バイブレーションを身につけた代わりがいない人にも、承認欲求は普通にあります。

多くの人がよくないと思っている承認欲求は、自分は何もしていないのに「私を見て！」「認めて！」「褒めて！」と、ただ承認を欲しがる人のことです。

仕事で成果を出す人というのは、価値を提供し、喜びを生み出している人で、多くの価値提供をすることで人から認められたり、褒められたりするようになります。

サクセス・バイブレーションを身につけた代わりがいない人の中には、自分が重要な存在だと感じることが喜びになる人もいて、そういった人は、それを得たいがために価値提供に励みます。その人のお陰で多くの人が喜びを得られるので、その人の承認欲求はあっていいものになります。

●「つながり」が得られる

自分の喜びが、「人とのつながりを感じること」である人もいます。

心から信頼し合える人とのつながり、好きなことを共有できる人とのつながり、同じ価値観を持つ人とのつながり、また仲間や同僚、お客様などとのつながりが感じられる経験、様々なつながりがあり、どんなつながりが喜びとなるのかは人それぞれです。自分が何かを実現するプロセスで得られる人とのつながりがモチベーションになるという人は、人とつながる仕事や、自分一人ではなくチームでの仕事などを選択し、積極的に人とつながることをしています。

●「探求・発見」できる

サラリーマン時代の私が会社の上司や先輩たちの知的好奇心に圧倒されたというエ

ピソードを紹介しましたが、研究に携わる人たちの多くは探求や新しい発見が喜びになる人たちです。

大学、大学院時代に指導していただいた教授や助教授の先生もこのタイプでした。私自身は実験があまり好きではなく、ただ煩わしいものであったため、大好きなことがそのまま仕事になっている先生の姿を見て羨ましく思ったものです。

知らなかったことがわかるようになる、誰も気づいていないことを発見する、そういったことに対して喜びを感じる人は、仕事を通して様々なことを探求し、発見していきます。その探求、発見の成果が、そのまま仕事の成果となっていくのです。

●「世界が広がる感」が得られる

仕事で成果を出していけば、見える世界は広がっていきます。関わる人が変わり、活躍できる場所が変わり、できることも変わってきます。そうやって「自分の世界が広がることが喜び」になる人もいます。

私自身も、今の仕事を始めたときには関西に住んでいましたが、今では東京に住み、事務所も構えています。また実績を上げることで様々な方と関わらせていただくようになりました。

普段贅沢をしているわけではありませんが、機会があれば今まで行けなかったような高級なお店に行くこともあり、出張の際にはいいホテルに泊まるようにしています。

そういったことが何よりも喜びになる人がいて、そのような人は実績を出すことで世界が広がるため、実績を出すことにモチベーションがわいてきます。


ここまで様々なタイプの喜びを簡単に紹介しましたが、あなたの仕事での喜びは何でしょうか？

一つだけではなく、複数あることもよくあります。また紹介したこれらの喜びは、いい悪いというものではありません。

収入を上げることを喜びにする人を「お金目的」と揶揄《やゆ》することもありますが、仕事というのは誰かに価値を提供し、その対価としてお金をいただくものですから、収入が上がるということは、それだけ世の中の多くの人に価値を提供したということです。

ただ喜びが「成果としてのお金」というだけのことですから、それが悪いわけではありません。

「自分は何に喜びを感じるのか」を一度感じてみて、仕事をする中でその喜びを味わってみてください。

そうすれば今やっている仕事に対する感じ方や、取り組み、モチベーションが変わってきます。その状態こそ、サクセス・バイブレーションを身につけた代わりがいない人が実行していることです。

本当にやりたいことを探す人もいますし、それは悪いことではありませんが、それよりも**今やっている仕事を好きになるほうがよほどリスクも少なくすむ**ので、「自分はどんな喜びを得たいか？」を感じ、それを追求してみるといいでしょう。

「好き」のセンサーを鈍らせない秘訣とは

ここまで「自分は何に喜びを感じるのか？」ということをお伝えしましたが、そもそも「自分は何が好きか？」がわからない人も多くいます。

何を隠そう、独立当初の私自身がそうでしたから、その気持ちはとてもよくわかります。

そういう人の中には、**今の仕事を仕方なく、我慢してやっている人が結構いて、そうしていると「好き」を感じる感覚が鈍ってしまいます。**

なぜそうなってしまうかというと、私たちが感じる「好き」と「嫌い」を感じるためのセンサーは同じだからです。

好きと嫌いは同じセンサーでキャッチしています。好きはプラスの反応で、嫌いはマイナスの反応だというだけです。

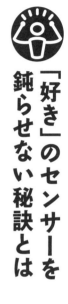

そして**「嫌い」に対して我慢していると、センサーの感度が鈍くなってしまい、「好き」を感じる感度も鈍くなってしまいます。**

だから興味がないし、やりたいことでもないのに、「しなければならない」という理由でずっと自分に我慢を強いて仕事をしていると、「何が好きかわからない」という状態に陥ってしまいます。

そのようなときにはどうしたらいいかというと、**勇気を出して「NO」と言う**ことです。嫌なこと、自分にとって我慢を強いていると思うこと、自分を疎かにしていると感じること、そういったことに対して「NO」と言ってみてください。

もちろん勇気が必要ではありますが、そうすることで少しずつ感覚が変わってくるはずです。

私は2007年に思い切って当時働いていた会社を辞め、自分で仕事をしていく道を選びました。前述したように、そのときにはまだ「自分がやりたいこと」や「自分の好きなこと」はわかっていませんでした。

でも、やりたくないことをやりながら、好きなことを探してもなかなか見つからないので、ある程度の準備をしたのち、思い切って退職する道を選択しました。

退職したときは圧倒的準備不足で、今の私のところに当時の自分のような人が独立や退職の相談に来たら、「やめたほうがいい」と言うでしょう。

それでもあのとき、前職での働き方に「ＮＯ」と言ったことで、様々な世界が広がっていきました。

もし今やりたいことがわからない状態で、さらに今我慢を強いていることがあるなら、やりたいことを探そうとするよりも、抑えつけているものに対して、まずは「ＮＯ」と言ってみましょう。新たな視野が広がるきっかけになるはずです。

才能とは「記憶」のこと

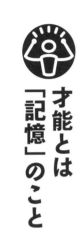

サクセス・バイブレーションを身につけた代わりがいない人は、**「自分が得意なことを分かち合う」**ことをしています。得意なことというのは、ある意味「才能のあること」ですが、この才能を多くの人は勘違いしています。

才能の正体を知り、開花させる方法、身につける方法を知れば、どんな人でも才能あふれる人に変わることができます。

あなたは、「才能」と聞いてどんなイメージを持ちますか？「生まれ持ったもの」と思う人が多いと思いますが、それは間違っています。

持って生まれたものが影響している部分はありますが、実は**「才能は後天的に身につけられるもの」**です。

才能の正体とは、「記憶」のことなのです。そして、**「何かのやり方の記憶」のことを、「手続き記憶」**と言います。

どんな人にも、すんなりできることや、人よりも上達が速いことなど一つくらいあると思います。つまり、**「才能あふれる人は、手続き記憶が豊富な人」**で、「才能があまりない人は、手続き記憶の少ない人」ということになります。

現時点で才能あふれる人はいいのですが、才能があまりない人も諦める必要はありません。

手続き記憶は今からでも増やすことができるため、「それがどうやってつくられるのか？」を知ることで、今からでも才能豊富な人になるための道筋が見えてきます。これについては、後ほど詳しくご説明します。

「手続き記憶」には2種類ある

才能とは手続き記憶だとお話ししましたが、手続き記憶には2種類のものがあります。

・これまでの人生経験で、すでに身につけている手続き記憶

・これから身につける手続き記憶

多くの人は「これまでの人生経験で、すでに身につけている手続き記憶」という部分にとらわれすぎていて、それによって「自分は才能がある」「自分は才能がない」と勝手に決めつけてしまっています。

しかし、すでに身につけている手続き記憶も、その才能が開花しているのか、していないのかで大きく異なり、開花している人は才能豊富な人になり、開花していない人は才能が乏しい人になります。

ちなみに、**「これまでの人生経験で、すでに身につけている手続き記憶」というものは無意識的に身につけてきたもの**で、どうやってその記憶を身につけたかというと、その世界のことに多く触れたり、人と関わったり、想像したりすることで身につけています。

才能は「生まれ持ったものが影響している部分がある」とお伝えしましたが、それがこの部分で、これまで生きてきた環境が影響し、知らず知らずのうちに身につけた手続き記憶もあるからです。

私たちの脳には、ミラーニューロンという「鏡のように作用する神経細胞」があり、それは「一緒に過ごす人がやっていること、言っていることを、自分がしている、言っていることとして情報処理する」という働きを持っています。

つまり、これまで長い時間関わってきた人がやっていること、言っていることは、「自分がやっていること」として情報処理しているため、知らず知らずのうちに、それにまつわる記憶が定着し、それが才能に変わったりするのです。

また私たちの脳は、イメージしたことと実際に起こったこととの区別がつかないため、興味のある何かに没頭し、それについて多く見て、触れて、様々に想像（妄想）してきたことがあれば、そのイメージは脳の中で「現実に起こったこと」として処理され、やはり知らず知らずのうちにそれにまつわる記憶が定着し、才能に変わります。

そんな**ミラーニューロンの働きや、これまでに自分がした多くの想像の結果、「これ**

までの人生経験ですでに身につけている手続き記憶」というものが形成されます。

「これまでの人生経験で、すでに身につけている手続き記憶」は人によって様々なので、現時点でどれだけの才能があるのかどうかは人によって異なりますが、じつは、この記憶も、

・すでに身につけている才能を開花させている人
・すでに身につけている才能を開花させていない人

で現状が大きく異なり、多くの人がせっかく身につけた才能を開花させていなかったりするのです。

そのことを踏まえて考えていくと、すでに身につけている才能にしろ、これから身につける才能にしろ、今から才能あふれる人になるための手続き記憶は、２つの方法

で増やすことができます。

・手続き記憶を入れる（才能を身につける）
・手続き記憶を開花させる（才能を開花させる）

前者の「手続き記憶を入れる」方法は、後述します。

問題は、すでに持っているのに開花していない才能です。人は、すでに身についている記憶があったとしても、それを使わないままにしていることが多いのです。使わないままにしていると、使う必要がないため、その記憶（才能）は開花しません。

「すでにある才能」は、必要なときに、必要な分だけ開花する

人には、「すでに身につけている才能」、いわゆる「潜在能力」があります。なぜかは

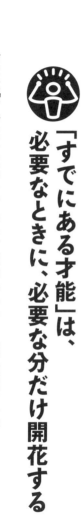

わからないけれど、最初からある程度できたという経験は、だれでも一つくらいはあるのですが、じつはすでにある才能は、「開花させてきたかどうか」が人によって異なります。

たくさん開花させてきた人は才能にあふれた人になり、せっかく持っているのに開花させていない人は「自分は才能がない」と思い込むことになります。そのすでにある才能を開花させるには、ある法則があるのです。

それは、

「すでにある才能は、必要なときに、必要な分だけ開花する」

というものです。

- **才能が必要なときに開花する**
- **開花するのは必要な分だけ**

この2つの法則がポイントで、これを押さえていけば、すでにある才能はどんどん開花していきます。

逆に才能を開花させていない人は、この2つのことができていないことが多いようです。

●才能が必要なときに開花する

では、「才能が必要なとき」とはどんなときでしょうか？　それは何かにチャレンジしてみたときや、試練に直面したときで、簡単に言うと、**「今ある能力では達成困難なとき」**です。

様々なことにトライしてみるもののなかなか達成できず、「できるかどうかわからないけど、とにかくやってみた」というときに、意外にクリアできることがあります。

すでにある才能は、この「とにかくやってみたとき」に開花します。

「できるかどうかわからないけど」というのは、才能が開花していないからそう思うだけで、意外にできて、クリアできるのは、その記憶を思い出したからであり、才能が開花したからなのです。

●開花するのは必要な分だけ

そしてもう一つ、そういったチャレンジや試練などは、**「今の自分でギリギリクリアできること」が訪れるため、そのときに開花するのはクリアするために必要な分だけ**になります。

一気に才能が爆発するということはなく、本来は10ある才能であっても、今必要なのが3であれば、今開花する才能は3になります。

「すでにある才能」は、チャレンジのプロセスで開花する

これを踏まえると、今すでに持っている才能を、積極的に開花させる方法が見えてきます。

それは、

- **やりたいと思った様々なことに、どんどんチャレンジしてみる**
- **さらに高みを目指してチャレンジする**
- **訪れた試練に対して諦めず、何とかクリアできる方法を模索する**

といったことです。

とにかく様々なことをやってみましょう。やってみないことには「才能が必要なとき」が訪れません。

「自分は才能がない」と言っている人の多くは、本当は才能がないのではなくて「開花するときがなかった」ということも往々にしてあります。

本当はその記憶は持っているのに必要なときがなければ、才能は一切開花しません。だからこそ、やりたいと思ったことにどんどんチャレンジしてみましょう。「意外にできた」ということは山ほどあるはずです。

「才能がない＝才能が開花していない」だけなので、必要なときをたくさんつくることが重要です。

そして、一つのことができたときには、それをさらに進めていくことです。なぜなら、前述したように開花するのはそのときに必要な分だけだからです。

やりたいことにチャレンジし、それがクリアできたなら、「これもやってみたらどうかな？」とさらに掘り下げていってみましょう。

できないのは才能がないのではなく、まだ開花していないから。できるかできないかで躊躇《ちゅうちょ》するのではなく、まずはやってみましょう。元々持っている才能があるなら、そのときに開花します。

そして、試練が訪れたときには、とにかくクリアできる方法を模索してください。

「できない試練は訪れない」と言いますが、なぜできないと思うかというと「才能が開花していないから」です。

乗り越える方法はあると信じ、様々な方法を模索する過程で、乗り越えるための才能が開花するのです。

前記したように、サクセス・バイブレーションを身につけた代わりがいない人は、様々なことにチャレンジし、訪れた試練を何とか克服する方法を探します。

だからこそ、多くの才能にあふれた人に見えますが、本当は多くのことにチャレンジしたかどうかの違いなのです。

どんな人にもすでに持っている才能はあります。ぜひ、やりたいことに積極的にチャレンジし、才能が開花する機会をたくさんつくってみてください。

「才能」という条件で、道を瞬時に諦める人は少なくありません。しかし、サクセス・バイブレーションを身につけた代わりがいない人は、

・才能は身につけられること

「すでにある才能」を開花させる３つのプロセス

やりたいことに
チャレンジ→
よし、
やってみよう
できた！
高みを目指して
チャレンジ→
もっと
こうして…
もっと
ああして
ガラガラ
ああっ
訪れた試練に
対してクリアする
方法を模索
これを機に
土台を
見直そう！
いや、
待てよ…

・今見えている才能は、自分が持っているもののごく一部であること

を知っているため、学んで身につけたり、挑戦して開花させることをずっとしています。それは、元々才能があったわけではなく、道を歩む過程で身につけたり、開花してきた経験があるからです。

手続き記憶が収納されている脳は、年齢を重ねても衰えることはありません。今からでもまったく遅くはないので、学び、挑戦して、多くの才能を身につけ、開花させてください。

どんな人も代わりがいない、才能あふれる人になれますから。

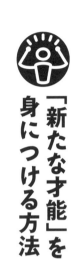

「新たな才能」を身につける方法

才能とは記憶であり、一つは持って生まれた才能を開花させることですが、そもそも記憶がないものはいくらチャレンジしても開花はしません。そんなときには、**「新たな記憶」を入れ込むことが大事**になります。

では、新たな記憶を入れるにはどうしたらいいかというと、

❶学ぶ
❷トライ&エラー
❸睡眠

この3つのサイクルを回すことです。これを回せば回すほど才能を身につけることができます。

たとえば、自転車の乗り方がわかりやすいでしょう。自転車に1回で乗れたという人はごくまれにいますが、ほとんどの人が1回では乗れず、何度も練習したと思います。

最初は、うまく乗れる人の乗り方を見て学びます。

そして自分で乗ろうとします（トライ）が、すぐにこけてしまいます（エラー）。何度もトライしますが、最初はうまく乗れません。

そしてその日はある程度したら諦め、その夜普通に寝ます。

翌日も学び、トライしますが、やはり乗れず、家に帰って寝ます。

これを3日くらい繰り返すと、あるとき急に乗れるようになります。

それまでどうしても乗れなかったのに、急に乗れるようになるのですが、この瞬間が「手続き記憶」が完成した瞬間です。

手続き記憶は、一度入ると一生なくならない記憶なので、5年くらい自転車に乗っていなくとも、また乗ろうとしたらすぐに乗れます。

この3つのサイクルは、手続き記憶を定着させ、才能を身につける方法で、すべてがポイントになっていますが、**その中でも大切なのが「睡眠」**です。

まず「学ぶ」ことで、理想的な形や方法を認識します。そしてまずは「トライ」してみるのですが、手続き記憶が身についていないときにはすぐにはできず「失敗」してしまいます。そしてその晩に寝ます（睡眠）。

脳は睡眠中に何をしているかというと、記憶の定着と熟成です。

最初に学んだ理想的な形や方法と、うまくできずに失敗したことを比較し、理想形に近づくように少しずつ記憶を熟成してくれます。

手続き記憶というものは、無意識の領域のものが多いです。

自転車の乗り方で言うと、微妙な筋肉の使い方、微妙な力の使い方、微妙なバランスの取り方など、意識できない無意識の部分の作業が多く、眠っているときに脳はその部分の情報を整理し、その日失敗した記憶データを熟成し、うまくいく記憶に整えていってくれます。

この**「学び→トライ&エラー→睡眠」を何日か繰り返すことで記憶の熟成が進み、ある日、手続き記憶が完成した瞬間に急に乗れるようになります。**

こうやって新たな才能を身につけることができるのですが、多くの人は「才能は持って生まれたもの」と思っているために、トライ&エラーの部分で、「自分には才能がない」と諦めてしまうことが多いのです。

これまで様々な才能を身につけてきた私に言わせると、このエラーは才能を身につけるために必要な大切な要素の一つなのです！

サクセス・バイブレーションを身につけた代わりがいない人は、チャレンジ精神旺盛で、自分の喜びを得るために様々なことにトライします。

その過程で元々持って生まれてきた才能が開くこともありますが、それがない場合も多々あります。

そのときには教えてくれる人から学び、トライ&エラーを繰り返し、日々取り組むことでその才能を身につけていきます。

大事なのは「**エラーを恐れない**」ことと、「**脳に記憶を入れれば才能になる**」ことを知っておくことです。エラーは悪いことではありません。それによって才能はないと決めつけるのは早すぎます。今手にしていない才能は、記憶を入れることで身につければいいのです。

前述したように、才能とは記憶です。そして、記憶である才能は、開花させるか、身につけるかの二つの方法があります。

しかし、どちらの方法にしても大事なのは**「チャレンジしてみること」**です。様々なことにチャレンジし、乗り越えるために学び、試行錯誤していけば、どんな人でも才能あふれる人に変わることができるのです。

人が求める仕事の「価値」とは何か

これまでお話ししてきたように、サクセス・バイブレーションを身につけた代わりがいない人は、仕事において「好き」で「得意」で「価値のあること」の3つを満たすことを実行し、自分の才能を発揮し、自分自身が喜びながら、多くの喜びを生み出しています。

ただ、いくら好きで得意なことをしたり、やりがいのあることをしても、それが**誰かにとって価値にならなければ、「代わりがいない人」にはなり得ません。**

よく「好きなことをすればうまくいく」と言いますが、いくら好きなことをしてもうまくいかない人もたくさんいます。それは、自分が好きなことではあるものの、人に価値を提供できていないからです。

仕事というのは価値を提供し、その対価としてお金をいただく活動ですから、そもそも価値を生み出さないとうまくいくことはありません。

なぜ、サクセス・バイブレーションを身につけた代わりがいない人が、「好き」で「得意」で「価値のあること」の3つを満たすことをしているかというと、**自分が好きなことのほうが、「より多くの価値を提供するモチベーション」がわき、自分が得意なことをするほうが、「より多くの価値」を届けることができる**からです。

仕事においての基本は、「価値提供」です。そこを見誤るから、「好きなことをしているのにうまくいかない」ということになります。

逆に、**より多くの価値提供をする人や、ほかの人にはない価値を提供できる人は、代えのきかない人、つまり代わりがいない人になっていきます。**

それでは、「仕事においての価値」とは何でしょうか。

仕事においての価値とは、次の2つのどちらかになります。

- **問題解決**
- **喜びの提供**

たとえば、歯医者さんの例で説明するとわかりやすいのですが、歯医者さんにとっての「問題解決とは、虫歯の治療」です。そして歯医者さんにとっての「喜びの提供は、ホワイトニングや歯列矯正」となります。

この分け方は、ざっくりとした分け方です。

もちろん虫歯の治療にも喜びの提供の要素はありますし、ホワイトニングや歯列矯正にも問題解決の要素はあります。

問題解決と喜びの提供は明確に分けられるものですが、すべての仕事はこの両方を提供しているからです。しかし、それらが価値であることに変わりはありません。

好きなことを仕事にしたのにうまくいかない人は、自分が仕事にしたその好きなことが、誰かの問題を解決したり、誰かの喜びになるものではなかった可能性があります。もしくは、**自分が提供している価値が、それを必要としている人にきちんと伝わっていない**こともあります。

サービスを受け取り、その相手が価値を感じる、つまり何かの問題が解決したり、喜びを得ることで初めて提供したものが価値に変わります。

代わりがいない人は、そんな問題の解決や喜びの提供をお客様や社会、また会社に対して実施しているのです。

成功する人がやっている2つの仕事の価値

問題解決

喜びの提供

好きなことを仕事にして成功するためには、
「問題解決」「喜びの提供」の2つの価値を大事にする。

あなたが提供できる「価値」の2つの見つけ方

代わりがいない人は、周囲の人に価値を提供しています。

その価値とは、「問題解決」「喜びの提供」です。その価値をあなたが提供できれば、あなたも代わりがいない人になっていきます。

ところが、多くの人は、「自分にはどんな価値を提供できるのかが、なかなかわからない」のです。

そんな提供できる自分の価値の見つけ方には、

・周囲の人に聞く
・自分が提供できるものから想定し、照準を合わせていく

という2通りの方法があります。

●周囲の人に聞く

一つ目の方法は簡単です。

「私がお役に立てることはありませんか？」

「どんなことで困っていますか？」

「何か解決したいことはありますか？」

「今からどんなことをしたいと思っていますか？」

「何があればうれしいですか？」

など、周囲の人に聞いてみましょう。

この方法で得られる情報は、実際に「望まれていること」なので、それを提供すると即座に相手にとっての価値になります。

ただし、この場合に知る価値は、自分にとっては楽しくないこともありますし、他の人でもできることもあります。

自分の楽しさを二の次にし、まずは「価値を提供する」ということにこだわることは悪いことではありません。

成長や成果、つながりといった、二次的に得られる喜びもあるため、周囲の人が求める価値の提供を実施することは一つの手段です。

●自分が提供できるものから想定し、照準を合わせていく

自分が好きで得意なことは、他の人ではできないレベルで価値を生み出す可能性があります。ところが、それは受け取る人がそれを必要としているかによります。

前述したように、好きなことをしていてもうまくいかない人は、人が価値を感じるものを提供できていないと考えられます。

それをなくすために、**「自分が提供するものは、どんな人が、どのようになるものなのか？」ということを具体的に想定していく**必要があります。

自分が提供（しようと）していることは、どんな人が必要としているるか？

その人は、今どんなことに困っているか?

その人は、今どんなことに悩んでいるか?

その人は、今どんな望みを持っているか?

その人は、今どんなことをやりたいと思っているか?

その人にどんな価値を提供すれば、それが達成できるか?

自分からサービスを提供されたら、その人はどんな問題が解決するか?

自分からサービスを提供されたら、その人はどんな喜びが得られるか?


これらを自分に問いかけ、紙にたくさん書き出してください。紙に書き出していくと、具体的に価値を必要としている人や、提供できる価値が見えてきます。

価値が明確になったら、実際にそれを提供してみましょう。

それでもその段階ではまだまだ想定に過ぎないので、提供していく中でさらに明確に整えていくことです。こういったことを実践しながら、あなたが提供できる価値を形にしていきましょう。

自分が提供する「価値」を必要な人に届ける方法

自分が好きで、得意なことを提供し、しかもそれに価値を見出し、必要としている人もいる。それなのにうまくいかない人がいます。

そんな人は、「本当に必要な人に自分の価値が伝わっていない」ことがあります。必要な人がいるのに、必要な人にその情報が伝わっていないのは、とてももったいないことです。

そうならないために必要なのが、

- **「明確な言葉」にする**
- **必要な人に届ける方法を模索する**

です。

●「明確な言葉」にする

人は、様々なことを「言葉」で認識します。逆に言うと、言葉にならないものは認識できません。そして認識できないということは、その価値が必要な人に伝わらないということです。

好きで、得意で、価値提供できることをしているのに、それでもうまくいかない人は、自分の価値を明確な言葉にしてみましょう。

前述した、

自分が提供（しようと）していることは、どんな人が必要としているか？
その人は、今どんなことに困っているか？
その人は、今どんなことに悩んでいるか？
その人は、今どんな望みを持っているか？
その人は、今どんなことをやりたいと思っているか？

その人にどんな価値を提供すれば、それが達成できるか？
自分からサービスを提供されたら、その人はどんな問題が解決するか？
自分からサービスを提供されたら、その人はどんな喜びが得られるか？

ということを書き出し、

「自分は何者で、自分と関わるとどんな人がどのようになるのか？」

ということをまとめていくことです。

●必要な人に届ける方法を模索する

そしてさらに、**「その価値を必要としている人に届けるには、どんな方法があるのか」**を模索することです。

Facebook、YouTube、LINE、ブログ、インスタグラム、Twitterといった SNSツールをはじめ、今の時代、様々なツールがあります。オンラインだけではなく、紹介、チラシといったオフラインもあります。

自分の価値を必要としている人たちには、どんな方法が一番届くのか？ 年配の方が多いなら、SNSよりもオフラインのほうが届きやすいでしょう。

文字情報がいいならブログですし、映像のほうが伝わりやすいならYouTube、イメージ写真などがメインならインスタグラムなど、それぞれの特徴によっても異なります。

いくら価値があろうとも、必要な人に届かないと、ただの可能性でしかありません。届ける方法をいろいろ試してみて、自分が持っている価値を必要としている人にどうやって届けるのかを常に模索し、トライしていきましょう。

何度もお伝えしていますが、サクセス・バイブレーションを身につけた代わりがいない人がなぜ突出した人材になれるかというと、「好き」で「得意」で「価値のあること」の3つを満たすことをやっているからです。

お伝えした考え方、コツ、方法を参考にし、自分が提供したい仕事に、

・好きを加えることで、やりがいをアップ

・得意を伸ばすことで、人よりも多くの才能を提供
・様々な価値を創出する

ということを実行していってください。

それを丹念に繰り返すことで、あなたも代わりがいない人に少しずつ成長していけるでしょう。

第3章

多くの人にいい影響を与える「人間関係力」を高める

影響力と応援される力を身につけよう！

人間関係力を高める「3つの力」

「人から好かれる人はお金からも好かれる。
人から嫌われる人はお金からも嫌われる。
一事が万事」

かつてお世話になった、経営コンサルタントの中井隆栄先生が言われていたことです。

それくらい人間関係とお金というものは密接に関わっていて、お金だけではなく、情報やチャンス、そしていい出会いなども、すべては人からもたらされます。

仕事においてだけではなく、この現実を生きていくうえで、人間関係というものは切っても切り離せません。

サクセス・バイブレーションを身につけた代わりがいない人は、次の３つの力を持っています。

成功に必須の「人間関係力」を高める３つの力

自分が「どんな人とつながり、どれくらいの人に影響を与え、どれくらい応援されるか」がとても大事。

- 「マスターマインド」をつくる
- 「影響力」を強くする
- 「応援される力」を強化する

人間関係力を高めるためには、自分が「どんな人とつながり、どれくらいの人に影響を与え、どれくらい応援されるか」がとても大事なのです。

「マスターマインド」をつくる

成功哲学の名著『思考は現実化する』（きこ書房）の著者であるナポレオン・ヒルは、著書の中で、「共通の願望や共通の目標を持った人が集まると、そこで波長の一致した思考のバイブレーションが起こり、それにより起こった高いエネルギーを通して、そこにいる人それぞれが抱える問題を解決する多くの答えが生まれて、短時間でより大きな成果を得られる」と書いています。

「波長の一致した思考のバイブレーション」

これはまさに波動のことを言っています。

そして著書では、**共通の願望や共通の目標を持った2人以上の特定の人たちのグループのことを「マスターマインド」**と言っています。

短期間で、より大きな成果が得られるようになるグループ、すなわちマスターマインドは、言い換えると**「自分の思いを共有し、信頼し合える人たち」**のことでもあります。

サクセス・バイブレーションを身につけた代わりがいない人は、多くの「自分の思いを共有し、信頼し合える人たち」とのつながり、つまりマスターマインドをつくっています。

そんなマスターマインドをつくるには、まずはナポレオン・ヒルの言う「波長の一致した思考のバイブレーション」を身につける必要があります。それは、波動の性質を知ればおのずと見えてきます。

●人は、「自分と似たような人たち」と関わるようになっている

「類は友を呼ぶ」と言ったりもしますが、人間関係は波動が大きく影響しています。今自分が出会う人たち、関わる人たちは、今の自分の波動と近い人たちと出会い、関わるようになっています。

私が初めてセミナーに参加し始めたのは、2005年ごろの起業ブームの頃でしたが、当時よく聞いた言葉がありました。

それは、

「普段一番よく関わる10人の人の平均年収が、1年後の自分の年収になる」

という言葉でした。

1年後の自分というのは大げさですし、人はそこまで劇的には変わりづらいですが、現実的には3年くらいあればそのようになる可能性は高いでしょう。それくらい人間関係というものは、自分の現実、収入状況などに強い影響を与えています。

今の自分の人間関係には、自分の波動が影響しています。

人は、知らず知らずのうちに、自分と似たような波動の人たちと関わっています。

もしかしたら、波動と言わないほうが納得いくかもしれません。

たとえば、

- **価値観**
- **行動**
- **口癖**
- **セルフイメージ**
- **仕事**

・**服装**
・**体調**
・**住む場所**
・**働く場所**
・**年収**
・**趣味嗜好**

これらが人間関係に影響を与え、結果的に自分と似たような人たちとつながるようになります。

人間関係は自分と似たような人とつながるということが、何となくイメージがわいてくるかと思います。

私のように起業をした人は、同じように起業した人とつながりますし、YouTubeで発信している人は、同じようにYouTubeで発信している人とつながり、サーフィンが趣味の人は、同じようにサーフィンが趣味の人とつながります。

逆に、どれかが変化していくと、つながりも変化していきます。起業を諦めれば、起業している人とは疎遠になっていくし、YouTubeでの発信をやめれば、同じように発信している人とのつながりがなくなり、サーフィンをやめれば、そういった人とのつながりがなくなっていきます。

そしてとても大事なのは、**成功している人は成功している人とつながり、そうではない人はそうではない人とつながっている**ということです。

サクセス・バイブレーションを身につけている代わりがいない人は、自分と同じような波動の人とつながり、マスターマインドを形成しているのです。

●「ビジョン」を明確にする

それでは「自分の思いを共有し、信頼し合える人たち」とつながり、マスターマインドをつくるにはどうしたらいいでしょうか？

それにはまず、

・自分はどう生きたいのか
・自分は何を実現したいのか

という**「ビジョン」を明確にする**ことが必須です。

マスターマインドは「共通の願望や共通の目標を持った二人以上の特定の人たちのグループ」のことなので、マスターマインドをつくるために大事なのが、共通の願望や共通の目標です。

だからこそ、まず明確にすべきは、自分のビジョンです。

ビジョンを明確にし、それを実現するための行動を起こしていくことで、自分の波動が変わり、それに応じて人間関係も変わり、次第にビジョンに共感する人が集まってくるようになります。

前章では、自分が「好き」で「得意」で「価値のあること」を行うことをお伝えし

ましたが、

「それを実行していくことで、自分の人生をどうしていきたいのか？」

「それを実行していくことで、何を、どんなことを実現したいのか？」

ということを一度じっくりと考え、たくさん紙に書き出してみてください。

最初は制限をかけずに、「どんなことでも実現する」「どんな能力も備わっている」と仮定して書き出すことが大事です。

- **仕事で実現したいこと**
- **プライベートで実現したいこと**
- **どんな自分になりたいか**
- **世の中にどんな貢献をしたいか**
- **世の中に何を伝えたいか**
- **どんな世の中にしたいか**

それらを思いつくかぎり書き出してみてください。

ただし、「どんな貢献」「どんな世の中に」というと崇高なビジョンのように感じるかもしれませんが、それとは別に「プライベートで実現したいこと」も同時に大切にしてください。

お金の欲、物欲、名誉欲、承認欲求、どんな欲望もあっていいので、それらをきちんと認めることが大事です。

それらを認めることは、そのままの自分を認めるという自己肯定感を高めます。

また、「世の中にどんな貢献をしたいか」といった壮大なビジョンは、（成長した）自分にそれだけの力や価値があるという自己重要感がないと出てこないものです。

前述したように「どんなことでも実現する」「どんな能力も備わっている」と仮定することが大事なので、その気になって書き出してみてください。それによって自己重要感も高まっていきます。

人間関係を強化し広げる「マスターマインド」のつくり方

まずは「ビジョン」を明確にすることで、
「自分の思いを共有し、信頼し合える人たち」と
つながることができる。

●自分に許可し、立候補しよう

とはいえ、ビジョンを書き出そうとしてもなかなか出ないことがあります。「その気になって」と言われても、セルフイメージや自己重要感が低いと、なかなかそうは思えません。

私の経営する会社では、ミッション合宿という合宿を不定期で開催してきました。その中で「やりたいことを書き出す」というワークをするのですが、それがなかなか出ない人が結構います。書こうとしても止まってしまうのです。

そんなときには、私は**「自分にさせてあげる」**という考え方をしてみることをお勧めしています。つまり自分への許可を意識し、**「自分にどんな現実を経験させてあげたいか？」**と問うことをするのです。そうすると、スラスラと書き出すことができたりします。

「今」のことを英語でpresent（プレゼント）と言います。それは、「過去の自分が、自分にどれだけプレゼントしてきたか？」が現在の自分になっているからだと私は解釈しています。それはすなわち、**「今から自分にどれだけ、どんな現実をプレゼントするかによって未来が変わる」**ということです。

だからこそ「自分にどんな現実を経験させてあげたいか？」と問うことが大事です。

多くの人は「何かを実現するには、誰かからの許可や認可がないといけない」と無意識的に信じ込んでいます。

しかし、**人生とは許可制、認可制ではなく、本当は「立候補制」**です。自分が自分に許可を出し、「私はこれをします！」と立候補する。そうすると、そのビジョンが実現するための流れが瞬時にやってきます。

ただし、まず最初にやってくるのは**「お試し」**というものです。

お試しというのは、**「覚悟を試される出来事」**のことで、わかりやすく言うと「本当にそれをしますか？」「それだけの覚悟はありますか？」と試される出来事です。

たとえば、「○○までに○○キロ痩せる！」と決めたときほど、誰かからの美味しいスイーツのお誘いや、飲み会のお誘いがあったり、その人の晩御飯で大好物が出たりといった出来事が起こります。

そこで「ダイエットは明日から……」としてしまうと、そこでもう痩せる流れはなくなってしまいます。

逆に、そこで「いや、痩せると決めたから食べない！」と決めることで、「○○までに○○キロ痩せる！」ということの流れが始まっていきます。

「自分にどんな現実を経験させてあげるか？」

そして、

「それを実現するために、どんなことも乗り越える覚悟はあるか？」

を感じてみてください。

そのうえで「どんなことでも実現する」「どんな能力も備わっている」と仮定し、

今一度、

・仕事で実現したいこと
・プライベートで実現したいこと
・どんな自分になりたいか
・世の中にどんな貢献をしたいか
・世の中に何を伝えたいか
・どんな世の中にしたいか

というものを書き出してみてください。

●ビジョンに力をもたらすもの❶
優先順位を明確にし、不必要なもの、人、時間、情報を断捨離する

マスターマインドをつくるために必要なビジョンは、

・自分はどう生きたいのか？

・自分は何を実現したいのか？

といったものですが、ビジョンが漠然としていては力が宿ることはありません。

力が宿らなければ、人も集まりません。

では、ビジョンに力をもたらすものが何かというと、その一つが「**明確さ**」です。

ビジョンは、明確であればあるほど力を持ちます。

では、明確さとは何かというと、

「不必要なものを断捨離すること」

です。

たとえば「東京に拠点をつくる」と決めると、東京以外に拠点をつくる選択肢はなくなります。そのように決めると、東京に拠点をつくるための情報やご縁が引き寄せられるようになります。

しかし、そのときに本当は東京に拠点をつくりたいのに、ただ「拠点をつくる」としてしまうと、いい情報やご縁が集まらなくなります。

大切なのは削ることです。本当に必要なこと以外は捨てる。

そうすることで、必要な情報やご縁が集まりやすくなります。

また、やりたいことに対して、

・不必要な人間関係
・不必要な時間
・不必要な情報

などは、勇気を出して手放しましょう。

たとえば、私はよく波動を高くするために「お風呂に入りましょう」とお伝えしています。これまで10分のシャワーですませていた人が30分のお風呂の時間を取ろうとすると、プラス20分の余裕が必要です。

それを実行するとどうなるか？　時間がかかる分、20分の時間、何かをやめないといけません。

1日の時間は誰だって24時間と決まっているので当たり前です。そうやって何かを取り入れるには、必然的に何かをやめることになります。

それと同じように、ビジョンの実現に必要なことと必要ではないことを明確にし、必要でないことや、人間関係、時間、情報などを勇気を出して手放すことが大事です。

●ビジョンに力をもたらすもの❷「努力」～楽しく、やりがいを持って続ける

ビジョンに力をもたらすものの2つめは、「**努力**」です。

努力というと根性論のようですが、そうではなくて、その**活動にエネルギーを込めることで、ビジョンに力が宿り、共感する人が集まる**ようになります。

今の世の中では「楽して成果を出す」といったメソッドが多く、多くの人がそうい

ったメソッドに飛びつきがちですが、楽をすることと努力をしないことは同じではありません。

個人的には無駄な努力はしないほうがいいとは思いますし、無駄なことは排除して効率よくしていくことは大事です。

しかし、やるべきことは必ずやる必要があります。畑の作物も、畑を耕し、水をあげたり、丹念に世話をすることで収穫できます。当たり前ですが、世話を放棄しては収穫はできません。

ビジョン実現のために、日々やるべきことをやる。
淡々と積み重ねていく。

それによって、ビジョンに力がもたらされるようになります。

ちなみに、「努力」と聞くと、多くの人は「嫌だけど歯を食いしばってやる」と思ったりするものですが、それは大いなる誤解です。

「楽しい努力、やりがいのある努力」もあります。

努力をしていてモチベーションがわかず嫌になるときには、「何のために」を忘れてしまっていることが多いものです。

ビジョン実現のための努力というのは、自分が実現したいことを実現するための行動なので、それが実現したときのことをイメージし、そのときに得られる感情や、得られるもの、ことなどを想像してニヤニヤしてみましょう。

そうすると今取り組んでいることが楽しい努力になりますし、それをすることで実現したいことが実現に近づくことがわかるので、やりがいのある努力に変わります。

また努力には、副次的な効果もあります。ビジョン実現のために自分が一番努力をしていると、

「あの人があれだけやっているなら……」

と賛同してくれる人や、協力してくれる人が現れるようになります。

私の会社の理念は「自分らしい人生の実現のサポート」というもので、私自身も多

くの人が自分らしく生きられるようになるためにエネルギーワークやビジネスアカデミー、コンサルティング、YouTubeやLINEの情報発信などを実施しています。

私は、私や会社のミッション・ビジョンの実現のためにやっているのですが、そのために毎日発信したり、毎月多くのセミナーを実施しています。

そのことを講座生だけではなく、YouTubeのチャンネル登録をしてくださっている方も知っているため、何かあったときには応援してくれたり、人を紹介してくださったり、また拙著を友達に積極的に紹介してくださる人もいたりして、とてもありがたく思いますし、日々努力してよかったなと思います。

このようにビジョン実現のために自分が一番努力をすることは、ビジョンに力をもたらすため、かなり重要なことの一つです。

●ビジョンに力をもたらすもの❸
「時間」〜日々、コツコツとやるべきことを積み上げる

ビジョンに力をもたらすものの3つめは**「時間」**です。

多くの人は、短期的に成功することがすごいと思いがちです。もちろんそれはすごいことなのですが、現実的には必ずしも短期的にうまくいくことばかりではありません。

というよりも、短期的にうまくいくものはとても少ないですし、すぐにうまくいったものほど思い入れも積み重ねたものもないため、すぐに廃《すた》れてしまうことが多いものです。

時間をかけることはとても大事で、かければかけるほど大きな力が宿ります。

日々やるべきことを時間をかけてコツコツ積み重ねることで、誰にも真似できない領域に到達します。

「1万時間の法則」というものをご存じでしょうか？

簡単に言うと、「何かを学び、習得するまでには、1万時間必要である」というものです。

1万時間というと、毎日8時間取り組んで3年半くらいかかる計算になります。

通常の仕事でも同じかと思います。最初は何もわからないなかで始め、様々なことに取り組んでいくことで一人前になっていくのですが、それには大体3年くらいはかかります。

やはり何かを始め、形にしていくには時間がかかるものです。それは、ビジョン実現でも同じことです。

優先順位を明確にして、不必要なものを整理し、ビジョン実現のためにやるべきことにコツコツと時間をかけて取り組んでいきましょう。

時間をかければかけるほど、ビジョンは確実に力を帯びていきます。

●「ビジョンを発信する」ことで、マスターマインドとつながる

マスターマインドとは「共通の願望や共通の目標を持った2人以上の特定の人たちのグループ」のことなので、マスターマインドをつくるために大事なのが、**「共通の願望や共通の目標」**です。

そのためビジョンを明確にし、より力強いものにしていくことは大事なのですが、

ビジョンを掲げるだけではマスターマインドとつながることはできません。

マスターマインドとつながるためには、「発信すること」が必要不可欠です。

今はSNSがあるため、自分の思いや主義主張、ビジョンを**「オンライン」**で発信しやすい環境にあります。

YouTubeでもいいし、ブログやFacebook、インスタグラム、Twitterなど何でもいいので、自分の思い、ビジョンなどを発信してみましょう。

もちろん発信のための考え方、方法などは学ぶ必要はありますが、必要としている人を引き寄せる発信の仕方をしていけば、たとえ地球の裏側の人であってもつながれるようになります。

ただし、これもやはり努力と時間が必要です。ちょっと動画を収録してYouTubeでアップした、ちょっとブログを書いてみたなど、ちょっとやっただけでは、ほとんどの人に見られることはありません。

最初は、動画の再生回数やブログアクセスは10くらいにしかなりません。かつてまだYouTubeに力を入れている人が少ないころでさえ、「まずは動画を100本アップロードすること」と言われていました。それくらい数が大事だからです。ブログも同様です。

多くの人がYouTubeやブログに取り組んでいる現在においては、数だけではなく、見られるための創意工夫も必要です。

だからこそ**日々コツコツと発信する努力、改善する努力、そしてそれらを継続的に行う時間が大切**で、そういった努力を時間をかけて実行する人に、マスターマインドとの出会いが訪れます。

とはいえ、オンラインだけではなく、**「オフライン」**も大切です。オフラインとはSNSでの出会いではなく、**「直接出会う人」**のことです。出会う人出会う人に、自分の夢や目標、思い、ビジョンなどを常にプレゼンすることです。

チラシやパンフレット、小冊子をつくるのも一つ。超アナログではありますが、SNSでの発信に比べて、顔を合わせた人であれば、一瞬で距離を詰めることができます。

しかも、チラシやパンフレット、冊子などがあれば、たとえプレゼンしたその人に関係のない話であっても、自分のビジョンに力がこもっていれば、その人が誰かを紹介してくれることもあります。

だからこそ、オンラインだけでなく、オフラインでも積極的にビジョンを発信することが大事なのです。

ビジネスの世界においてもＳＮＳは魔法の杖のように思われることがありますが、じつはそうでもなく、ＳＮＳで人とのつながりをつくるには、ある程度の時間がかかります。

逆にオフラインは、ＳＮＳほど時間はかからず即効性があります。

オンライン、オフライン問わず、常に自分の思いや主義主張、ビジョンなどを発信することが大切です。

それに応じて様々な出会いが起こり、自分のビジョンを実現するためのマスターマインドができあがっていきます。

●人生には、「人間関係の総入れ替え」がある

自分のビジョンを明確にし、それを実現するために動いていくと様々な出会いが訪れます。それを続けていくと、人間関係の総入れ替えがたびたび起こります。

このことを知っておかないと戸惑うこともありますので、「人間関係の法則」についてお伝えしておきます。

人間関係の法則とは、

「人は、自分と似たような波動の人とつながっている」

というもので、**自分の波動が変われば人間関係も変わっていきます。**

自分が本当に行きたい道に進んでいくと、人間関係の総入れ替えが幾度となく訪れることは昔からよく言われるのですが、私自身も起業してから人間関係の総入れ替え

を何度も経験してきました。

私の実体験がわかりやすいので、お伝えします。私が起業してから3年くらいたったころ、今までとは違うことを始めようとしたところ、ある人から「それをお披露目するパーティーをしましょう」と言われました。

面倒くさいことはやってくれるということだったので、それならとパーティーをしてもらい、そのときには60名ほどが集まってくれました。

それから2年ほど経ったころ、当時は神戸に住んでいたのですが、東京に引っ越すことになりました。そうしたら、その当時の講座生たちが中心となって「講演会とパーティーをしたい」と言ってくれ、それも自分たちでやってくれるということだったのでやってもらいました。その講演会とパーティーに集まってくれた人は約70名ほどでした。

お披露目パーティーには60名、東京に行くにあたって開催してくれた講演会とパーティーに70名、この2つのイベントの間は約2年。驚くことに、この2つのイベントの両方に参加してくださった方はわずか1名でした。

つまり、わずか2年のうちに人間関係がガラッと変わり、どちらも大切なパーティーにもかかわらず、共通して参加してくださった方が1名しかいなかったのです。

では私はこの2年の間に、それまで関わった人たちと意識的に離れようとしたかというとまったくそうではありません。ただ自分がそのときに必要なやるべきことをやり、成長していっただけでした。

自分でも気づいていなかったのですが、成長に応じて少しずつ人間関係に変化が訪れ、結果として総入れ替えが起こっていたのです。そして、今では2回目のパーティーに参加された方々の大半とお会いすることはありません。

会えば普通に、しかも楽しく話すことはしますし、当時関わらせていただいた皆様のことは今でも大好きですが、普段会うことはまったくありません。今は今で、当時とは別の人間関係の中で日々生きているからです。

そんな人間関係の総入れ替えは、自分が行きたい道を進んでいくと何度も訪れます。

これらの事実は、**「人は自分の波動と似たような波動の人とつながり、自分の波動が変われば、つながる人も変わってくる」**ということを如実に物語っています。

ビジョンを明確にし、実現のために発信していくことで、マスターマインドとつながっていきますが、それがすぐに訪れるかどうかはわかりません。

何度かの人間関係の総入れ替えの末に訪れることもあります。このことはぜひ覚えておいてください。

●「メンター」を持とう

私はこれまで、実績を出されている様々な人のお話をお聞きしてきましたが、多くの人が今の成功している状態に至った大切な要因として挙げられるのが、

「メンターの存在」

です。

メンターとは、仕事上（または人生）の指導者、助言者のことです。メンターの存在の大切さは、ほんとうに驚くくらい共通して言われます。

私自身も、

「実現したいことがあるならば、それを実現している人に会いに行くこと」

とよくお伝えしていますが、波動的にもそれはとても理にかなっているからです。

この世界にあるあらゆるもの、現実、人、情報、アイデア、場所、お店、商品……などすべてのものには波動が宿っていて、今の自分が見て、聞いて、感じるそれらは、今の自分の波動と近いものです。

自分の波動が変われば、見える現実が変わり、出会う人が変わり、入ってくる情報が変わってきます。

そして、実現したいことを実現している人は、その人の波動に合う現実を見、その波動と合う人と出会い、その波動と合う情報が入ってきます。

つまり、メンターとつながることができれば、ビジョンの実現は大きく加速します。

ある意味メンターもマスターマインドの一人と言えます。メンターがいるということには、様々なメリットがあります。

・今まで出会えなかった人と繋がることができる
・今まで入ってこなかった情報が入ってくる
・正解に到るまでの時間と労力が削減できる

など。


とくに「正解に到るまでの時間と労力が削減できる」というものは重要です。

自分一人で何かをやっていると、必ず壁にぶつかります。そのときに、どうやったら超えられるかを試行錯誤します。

情報を集め、トライしてみてうまくいけばいいですが、うまくいかなければまた検証をして……、それを繰り返して正解にたどり着きます。

しかし、メンターがいればそうならなくてすみます。なぜなら、自分が実現したいことを実現している人は、もうすでにその壁をクリアしているからです。

だからメンターに聞けば、何が必要で何が不必要かがすぐにわかります。この削減できる時間と労力はお金で換算すると、かなりの額になります。

だからこそ、メンターにはお金を払ってでも関わったほうがいいと私は思っています。

「自分の実現したいことをすでに実現している人はどこにいるか？」

それを考え、積極的に会いに行ってみるといいですね。ただし、メンターは一人とは限りません。

実現したい大きなことがあって、そのために実現する必要のある小さなことがあるとします。たとえば、「YouTubeでの発信力を上げ、登録者を10万人にする」といったことなど。

それが大きな目的ではないですが、大きな目的を達成するために必要な目標です。

その目標を達成するために、目標を達成しているメンター、ここではチャンネル登録者10万人を達成しているメンター、もしくは達成するための方法を知っているメンターを持つことも大事です。

なので、ずっと関わり続けるメンターもいれば、ある程度関わったらご縁が終わっていくメンターもいます。

「影響力」を強くする

サクセス・バイブレーションを身につけた代わりがいない人は、多くの人に影響を与え、多くの人から愛され、応援される人です。

「影響力を強くする」ということはとても大事で、それによって多くの人に価値を提供することができ、多くの人から応援されるうえ、「いいこと」を多くの人に伝えることができるからです。

私自身も、世の中で発信され、信じられていることの中には「？？？」と思うことも少なくはないのですが、影響力がないころにはいくらそれを言っても相手にされませんでした。

しかし、影響力が強くなると、私のお伝えしていることを信じ、実践し、成果を感じてくれる人が一人、また一人と増え、その重要性を実感しています。

それでは、影響力を強くするにはどうしたらいいのでしょう。波動的に言うと、

「波動を強くすること」

です。

よく「あの人は波動が高い」「この場所は波動が高い」と言って、波動の高さのこと

を表現することが多いですが、波動には高さとは別に「強さ」の指標があります。

そして波動の強さは、強いほうが弱いほうに影響を与えることができます。

つまり、多くの人よりも自分の波動が強くなれば、それだけ多くの人に影響を与えられるということです。

波動の高さ、強さをまとめると次のようになります。

・波動が高くなる：より幸せで豊かな現実、人、情報などとアクセスする
・波動が低くなる：より殺伐とした、貧しい現実、人、情報などとアクセスする
・波動が強くなる：より影響力が高まり、多くの人に影響を与えられるようになる
・波動が弱くなる：多くの人に影響され、自分のやりたいことが実現しづらい

影響力をアップするには、波動を強くしていくことがポイントなのです。

それでは波動を強くするにはどうしたらいいかというと、

「影響力」をアップさせるための波動の強め方

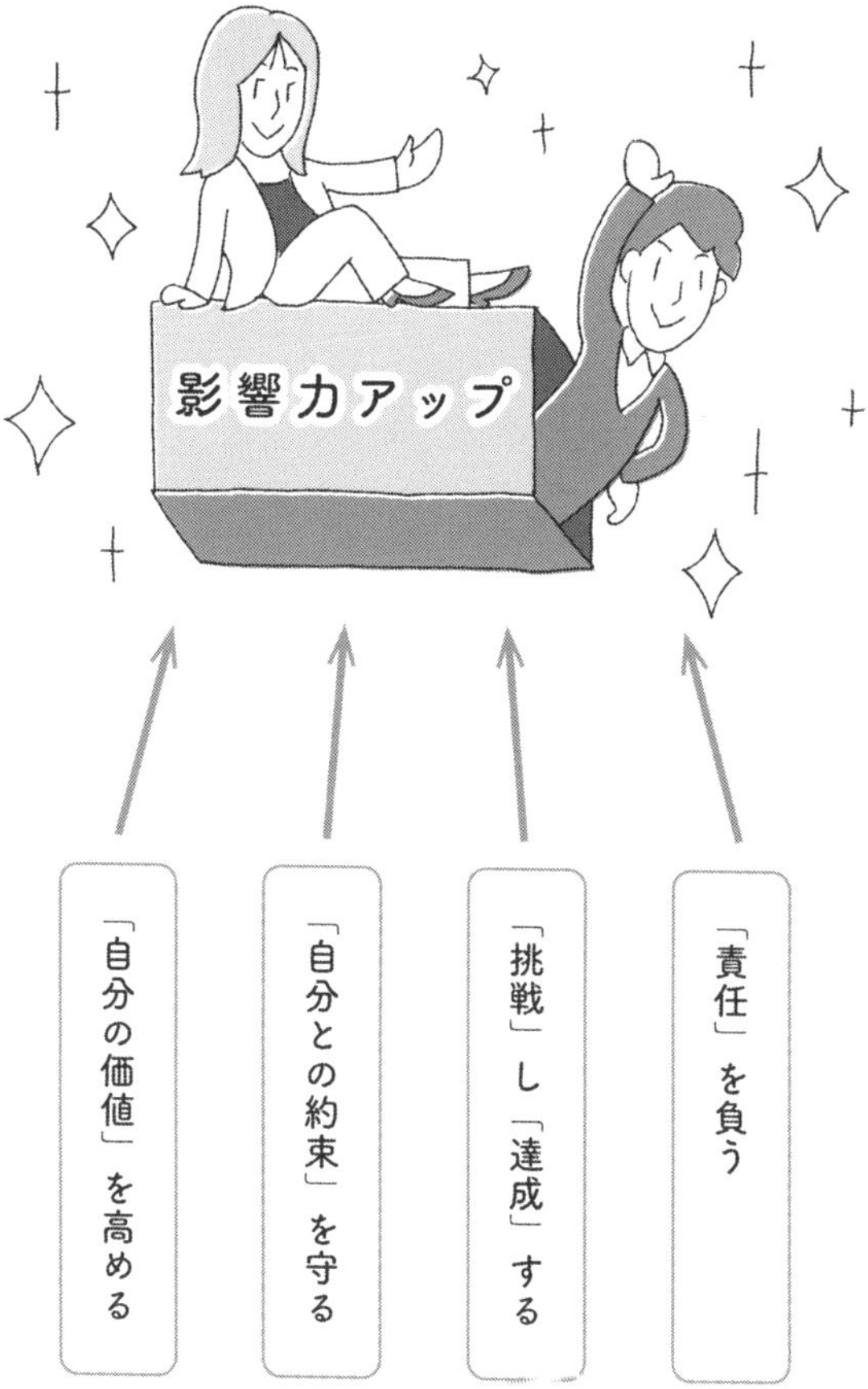

影響力をアップさせることで、
多くの人に自分の持っている価値を提供でき、応援される。

・自分が「自分の価値」を信頼し、高める
・「自分との約束」を守り続ける
・挑戦し、達成する
・責任を負う

といったことに取り組んでいくことです。

●自分が「自分の価値」を信頼し、高める

波動の強さは、**「自分や自分の価値を信じる強さ」**に関係します。

やはり、自分の価値を信じきれない人の言葉よりも、「自分には価値があるんだ！」と思っている人の言葉のほうが人には届きます。

私は独立して2021年現在で15年目になりますが、これまでのことを振り返っても、自分が自分の価値を認めるごとに売り上げが大きく変化していきました。

自分で商売をしていると、自分のメンタリティと成果の相関がとてもわかりやすく、

仕事の成果と自分の価値というのは密接に関係していることがわかるのです。

では、自分の価値を高めていくにはどうしたらいいでしょうか。それには、

・スキルや能力を高める
・思い込む
・実績を積む

などが有効です。

「スキルや能力を高める」というのはよくわかると思います。

たとえば専門知識を学んだり、スキルアップのためのセミナーに出て、何かの資格を取ったりすることで自信がつき、自分の価値が上がる人は多いため、それも一つかと思います。

実際、学ぶことはとても大事ですし、サクセス・バイブレーションを身につけ、活

躍し続けている人は、どれだけ成果を上げても常に学びを続けています。

しかし、スキルや能力を高めることが即座に自分の価値につながるかというと、必ずしもそうではない人もいます。いくら学んでも、「自分は大丈夫」「自分は価値がある」と思えない人は結構いるからです。

そういう人と名刺交換すると、裏面にたくさんの資格がぎっしりと記載されていたりします。

いくら学んでも、いくら資格を取っても自分の価値が上がらない人は、次の**「思い込む」ということが必要**です。

思い込むというのは、本当にシンプルで、

「今のそのままの自分は、価値がある」

そう思うだけです。

誰が認めるとか、多くの人にとってどうとかでもなく、ただ自分が自分の価値を評価するだけです。事実、皆に認められるようになる必要はなく、自分が持っている価値は、それを必要としている人に届けばいいものです。

「わからない人は、わからなくていい」くらいに思っておくといいかもしれません。


とはいえ、最初はなかなか思い込めません。

そんなときには、

「今のそのままの自分は価値があるかも？」


と疑問形にして、自分に問いかけていくといいですね。

そうすると、「自分には価値があると思えるようないい材料」などが見えてきたりしますから。

しかし、思い込むというのは、やはり架空、説得力に欠ける部分もあります。

そんなときに一番説得力高く自分の価値を高めてくれるのは、**「実績を積む」**ということです。

とにもかくにも、今与えられた仕事の中で実績を積むことに専念してください。

目に見える実績ほど自分の価値を高めてくれるものはありません。

●「自分との約束」を守り続ける

波動の強さは、自分の価値だけではなく、**「自分そのものを信じる強さ」**に関係します。

「自信」と言い換えてもいいかもしれません。

自信をつけるのに有効な方法は、

「自分との約束を守り続ける」

ということです。

これは自信を身につけ、波動を強くしていくのにとても有効な方法です。なぜなら、ほとんどの人が、自分との約束を守り続けることができないからです。

どんなことでもいいので、**「毎日これをやる」ということを決め、まずは100日間やり続けてみてください。** 99日でもダメで、100日をやりきるのです！

すると、できた自分を見直し、信じられるように変わります！

100日できたら次は200日と延ばしていくと、続ければ続けるほど自信がつき、波動は強くなっていきます。

ただし注意点があります。それは続けることが大事なので、最初から**「ハードルを高くしすぎない」**ということです。

「自分との約束」というと、結構ハードルが高いことを設定する人が多いです。しかし、ハードルを高くしすぎると続きません。

続かないと「自分はダメだ……」となって、自信を失い、波動は弱くなります。

目標は続けることです。

まずは、100日間続けられるようなハードルの低いタスクを意識してください。

かつて私もこれに取り組んだとき、最初は「毎日走る」と設定しようとしました。

しかし、当時の私はたいして運動もしていなかったので、毎日走るのはハードルが高く、くじけてしまいそうな気がしていました。

そこで続けることを目標にし、「毎日10分歩く」というタスクに変えました。

そして、10分歩くことが造作《ぞうさ》もなくできるようになったら、少しずつ時間を長くしていきました。

暑い日もあったし、雨の日も、雪の日もあったりと、くじけそうになる日も様々ありましたが、ハードルを低くしておいたお陰で、ずっと続けることができました。

そうすることで「続けることができた自分」を褒めてあげたくなり、自分を信じる強さに変わっていきました。

今は出張も多いため、毎日とはいきませんが、朝歩ける日は必ず歩いていますし、夜も歩ける日には歩き、歩くことが当然の習慣になっています。

その他にも、LINEやメルマガ、YouTubeの発信もほぼ毎日続けています。

自分との約束を守り続けることは、自信を養い、波動の強い自分をつくってくれるのです。

●挑戦し、達成する

波動の強さは、**「何かに挑戦し、達成する」**ことでも強くなります。

人は無意識的に変化を嫌い、不確定なものを避ける性質を持っています。これは本能のレベルでそのようになっています。

だから、どんな人も無意識的に現状を変えることをせず、常に安定を求めるため、挑戦することを避けます。

そんな本能に反して、やりたいこと、やってみたかったことに挑戦することです。

そのとき、様々な恐怖がやってきます。

「うまくいかなかったらどうしよう」

「できなかったらどうしよう」

「人生がボロボロになったらどうしよう」

そんな思いが頭をよぎります。


それでも勇気を出して挑戦してみましょう。そのとき人は腹をくくります。

うまくいかなくても、すべての責任を自分が負う覚悟をします。

じつは、**「腹をくくり、覚悟する」ことでも波動は強くなります。**

そうやって挑戦した後は、その挑戦がうまくいくように様々な行動をしたり、試行錯誤を行います。

試行錯誤を繰り返し、実際にうまくいくようになったときには、挑戦を乗り越えるだけの波動の強さが宿っているものです。

波動が強くなったからこそ、現実を動かし、うまくいくようになるからです。

「挑戦し、達成する」というプロセスを何度も積み重ねていけば、とても波動の強い状態になっていきます。

●「責任」を負う

前項の変化にしてもそうなのですが、**「多くの人が避けたいものを避けずに受け入れる」**と波動は強くなります。

その最たるものが**「責任」**です。責任は誰もが負いたくないものです。

何でも人のせいにし、自分の人生の責任まで人に任せようとする人も多くいます。

逆に、責任を負っている人は波動が強くなり、影響力も強くなり、まわりからの見る目も変わります。

学生時代の部活を思い出すとわかるかもしれません。

今まで同じ立場だったチームメイトが、キャプテンになった途端に雰囲気が変わり、皆から慕われるようになるのを見たことがある方もいると思います。

キャプテンという責任を負ったことで周囲の人よりも波動が強くなり、皆に影響を与えられるようになったからです。

このように、**人は責任を負うことで波動が強くなります。**

事実、私はこれまで様々な人と接してきましたが、基本的には従業員よりも人を雇っている経営者のほうが波動は強いです。経営者は、従業員の生活やその家族の生活までも責任を負っているからです。

同じように平社員よりも上司のほうが波動は強いですし、今波動の弱い平社員も、昇格して責任を負うようになると少しずつ波動は強くなっていきます。

責任を負うことで波動は強くなりますが、今すぐ昇格などがない人は、すぐに責任を負う立場になることはなかなかありません。

でも、考え方一つで、責任を負うこともできます。

起業前の私は、今と変わらず情報発信をしていました。何の実績も、影響力もない私でしたが、勝手に責任を感じて発信していました。

どんな責任かというと、本やセミナーで学んだこと、知ったことに対し、「この情報を俺からしか知りえない人がいる。俺が伝えないと、その人はこのいい情報を一生知ることができない」と勝手に責任と使命感を感じ、お伝えすることをしていました。

何の実績も、影響力もないのにそんなことを思っていたなんて、ちょっとおかしな人のようですが、そうやって勝手に責任を負うことで言葉にエネルギーが宿り、一人、また一人と聞いてくれる人が増えていったような印象があります。

事実、「この情報を俺からしか！」という私のメンタリティは、今もまったく変わっていません。

最初は勝手に責任を負ってしていたことですが、今では多くの人がYouTubeをご覧いただいたり、お金を払って本を買ってくださっており、当時の自分よりも確実に影響力は高くなっています。

●注意！　波動を強くするには時間がかかる

サクセス・バイブレーションを身につけた代わりがいない人のように、多くの人に

影響を与えるためには、波動を強くすることが大事です。その方法として、

・自分が自分の価値を信頼し、高める
・自分との約束を守り続ける
・挑戦し、達成する
・責任を負う

といったことに取り組むことをお伝えしてきましたが、波動を強くすることにおいて注意すべき点が一つあります。

それは、

「波動を強くするには時間がかかる」

ということです。

波動の強さは、一朝一夕《いっちょういっせき》で身につくものではありません。

何かをしてすぐに「波動が強くなった!!」ということはあり得ません。

波動の強さは毎日毎日コツコツと取り組むことで、少しずつ少しずつ身についていくものです。

何かを始め、成果が出ないからすぐに諦め、また別の何かに取り組む……。それでは、いつまで経っても強い波動は身につきません。

何かを始めたら、成果が出るまで試行錯誤してやってみることが大事です。

試行錯誤して達成しきると、それによって少し波動は強くなります。それでも強くなる度合いは少しだけ。

そうしたことに時間をかけて何度も何度も取り組んでいくことで、波動は強くなります。

だから、焦らずにじっくり取り組んでいってください。

正しいアプローチで、時間をかければかけるほど波動は確実に強くなっていきます。

「応援される力」を強化する

サクセス・バイブレーションを身につけた代わりがいない人は、多くの人に応援される人です。

どんな人でも、自分の力だけでやろうとするのはなかなか難しいものです。一人の力は意外なほど弱く、成果を出している人ほど様々な人の力を借りているものです。

「どれだけの人に応援されるか？」

それに応じて、実現できることの大きさが変わります。

そんなサクセス・バイブレーションを身につけた代わりがいない人が持っている応援される力は、次のことを実践することで養うことができます。

「応援される力」を強化する方法

テイカーに搾取されない
ギバーになる

「ギバー」になる

「助けて」と言う

「自分の得」を
後回しにする

多くの人に応援されることで、あなたの成功は加速する！

・「ギバー」になる
・テイカーに搾取されないギバーになる
・「自分の得」を後回しにする
・「助けて」と言う

これらをそれぞれ実践していけば、必然的に多くの人から応援されるようになります。

●「ギバー」になる

世の中には、3つのタイプの人がいると言われています。

・自分から与える人である「ギバー」
・人からエネルギーや成果を奪う「テイカー」
・ギブアンドテイクの「マッチャー」

この3タイプです。

『GIVE & TAKE「与える人」こそ成功する時代』（アダム・グラント著、三笠書房）では、このうちどのタイプが成功するかというと、

①ギバー
②テイカー
③マッチャー

この順番で成功すると書かれています。

この著書では、**「与える人が最も成功する」**ことがデータとして示されています。

与えることの効果はデータだけでなく、昔から多くの成功者が言っていることでもあり、私自身も起業前後に学んだ「人生の秘訣は与えることだ」という言葉を信じ、

これまで活動してきました。

一時的には、人からエネルギーを奪うテイカーが成果を出すこともあります。しかし、長期スパンで見ると、テイカーが人から搾取することで一時的に成果を出しても、その後人が離れ、結果的にうまくいかなくなることがほとんどで、これまでにそんな人をたくさん見てきました。

先日、弊社主催講座の講座生が、弊社とは別のある講座に参加し、その場で高額契約をしてしまったものの、後日、やっぱり自分には必要ないためキャンセルをしたいと伝えたところ、対応してくれないということがありました。

法的な対策はしっかりされてあり、法律としては問題ないのですが、そういうことをしていては長くは続きません。

今は大成功されているようですが、こういう会社は5年、10年経つと、恐らく消えていくでしょう。

長い目で見ると、与える人、すなわちギバーが最も繁栄します。ギバーは自分の労力や、情報、時間、スキル、知識、ときにはお金も、周囲の人にまず提供します。

人の心理には、いただいたらお返しをしようとする「返報性の原理」というものがあります。

ギバーから受け取った人は、「この人のお陰で」と感じるので、何かあったときにはそのお返しをします。

ギバーは多くの人にまず与えるので、結果的に多くの人から応援されるようになるのです。

●テイカーに搾取されないギバーになる

ただし、ギバー、テイカー、マッチャーのうち、最も成功するのはギバーですが、**最も失敗するのもギバーです。**

「失敗するギバーはただのいい人」で、そういう人はテイカーのいいカモにされてしまいます。

ギブアンドテイクのマッチャーと違って、テイカーはお返しすることはありません
から、最も失敗するギバーがいくらテイカーに与えても、返ってくることはありません。
テイカーに搾取されないギバーになるためには、

・与えることの範囲と受け取るものを決める
・「いい人」をやめる

ということが大切です。

「与えることの範囲と受け取るものを決める」というのは、何でもかんでも無償提供することばかりが正しいのではないということです。

つまり、**自分が「この価値提供に関してはお金をいただく」と決めることが大切**です。

私は毎日YouTubeやLINE、メルマガでメッセージを配信しています。すべて無償

で行っており、ときにはライブ配信などでご質問にもお答えしています。

多くのものを無償提供する一方で、「ここからは有料になります」という線引きをしっかりとしています。

無料でできることとできないことがあるからという理由もありますが、私が提供する価値と相手が受け取る価値をはかり、両方とも高い価値があるならば、その分だけいただくようにしていて、逆にその価値以下の場合は無料でと決めています。ちなみに、無料の部分については惜しみなく分かち合っています。

搾取されるギバーは、無償提供することが大事だと考えているため、価値の高いものまで何でもかんでも無償で提供してしまいます。するとその「価値が高く、お金に換わるであろうもの」をテイカーが奪っていきます。

だからこそ、与えることの範囲と受け取るものを決めることが大切なのです。

ちなみに、搾取されるギバーは「お金は後からついてくる」と信じていますが、**与えることの範囲と受け取るものを決めるまでは、お金がついてくることはありません。**

どんどんジリ貧になってしまいます。

そうは言っても、搾取されるギバーは、なかなかそこから抜け出すことができません。なぜなら**「いい人」**だからです。

テイカーがどのような人かを想像すると、多くの人はオラオラ系の人を想像するかと思います。でも、そんなテイカーばかりではありません。

可哀想なふりをして助けてもらおうとする人、弱いふりをしてエネルギーをもらおうとする人、「かまってちゃん」などもテイカーの一人です。

いい人は、可哀想な人や、弱い人を放っておけません。するとテイカーの餌食になり、「なんか、振り回されているだけのような気がする」となってしまいます。


いい人であること、人のお役に立つことは素晴らしいことです。ですが、自分の時間も、労力も限られています。

自分のエネルギーを本当に必要としている人以外に提供してしまうと、本当に求めている人のお役に立つことができません。

だからこそ、**本当に必要としてくれている人のために、いい人をやめることが大事です。**

与えることの範囲と受け取るものを決め、無償提供できることは惜しみなく分かち合っていくと、自分が何かをしたいときや、何かがあったときにも多くの人が具体的に応援してくれるようになります。

●「自分の得」を後回しにする

商売の世界では、昔から、

「損して得を取る」

ということが言われます。

これはギバー、テイカー、マッチャーのお話にも共通してくる内容ですが、**自分の得を後に持っていったほうが最終的には自分が一番得をするし、一番応援されるようになるということです。**

しかし、現実には自分の得を先に持ってくる人が本当に多いです。まず自分の権利、自分の利益、自分の立場などを優先します。それは悪いことではないのですが、それを見た人は少なからず、こう思っています。

「めんどくさいな」

そう思われてしまっては、次はありません。

「あの人と仕事をすると、気持ちよく仕事できないからやめておこう」

となってしまいます。

サクセス・バイブレーションを身につけた代わりがいない人は、常に「先出し」を意識し、実践しています。

だからこそ、そういった人といると気持ちがよく、また会いたいし、「その人のお役に立てることはないかな?」と自然と考えるようになります。

多くの人がそのように思うから、結果的に多くの人から応援されるようになり、最終的には一番得をします。

焦っているときほど自分の得を先にしがちですが、得を大きくしたいなら、自分の得は後回しにし、先に相手に喜んでもらうことを考えましょう。

●「助けて」と言おう

多くの人に応援してもらえる人は、「人に助けてもらうことが上手」です。

世の中には、助けてもらうということが苦手な人もいます。実は、かつての私がそうでした。

人に「助けて」と言うことが苦手で、助けることに罪悪感も感じるため、なかなか助けてもらうことができませんでした。

そんなとき、あることがきっかけで「助けて」と言ってみたところ、多くの人が助けてくれ、しかも「必要としてくれてありがとう」とまで言われました。

頼りにされたことがうれしかったようですし、「かつて助けてもらったことの恩返しをする機会が欲しかった」とも言われました。

あの経験から**「人は誰かの役に立ちたいと思っている」**ということがわかったので、

それ以来、少しずつ人に助けてもらうことができるようになりました。

また人には皆、得意なことと苦手なことがあります。

自分が得意なことは、誰かにとっての苦手なことであり、逆に自分が苦手なことは、誰かにとっての得意なことです。

ですので、**自分が苦手なことを自分でやるよりも、それが得意な人にやってもらったほうが成果に結びつきやすくなります。**

助けてもらうということは、その人の「お役に立ちたい」という思いを満たすことであり、その人が持っているスキルを活用することです。

だからこそ、助けてもらうことに罪悪感を持たず、積極的に助けてもらうようにしてください。


以上、マスターマインドとつながり、多くの人に影響を与え、多くの人に応援されるための秘訣をいろいろとお伝えしてきました。

サクセス・バイブレーションを身につけた代わりがいない人は、多くの人から愛され、応援されています。

お伝えしたことを意識し、少しずつでいいので、マスターマインドとつながり、多くの人に影響を与え、多くの人に応援される自分に成長していってください。

第4章

「最大の価値を創造する力」を持つ

創造する価値を最大化する「2つの力」を身につけよう!

「最大の価値」を生み出し、より代わりがいない人になる

これまでお伝えしてきたように、サクセス・バイブレーションを身につけた代わりがいない人は、多くの人に影響を与え、自分の才能を発揮し、自分自身が喜びながら、多くの喜びを生み出しています。

この喜びこそが価値なのですが、中でも**「最大の価値」を生み出せる人ほど、より貴重で代わりがいない人**となります。

それでは、最大の価値とはどのようなものでしょうか？　それには2つの方向性があります。

- **「より高い価値」を提供する**
- **「より多くの人」に価値を提供する**

「より高い価値を提供する」というのは、今提供している価値をさらにブラッシュアップすることで、今までよりも、そしてほかの誰よりも高い価値を提供することです。**「自分だけの、他にはないレベルの価値」**を提供できるため、自分発信で多くの喜びを生み出すことができ、結果としてより大きな成功をつかむことができます。

一方、たとえ他に同じような価値を提供している人がいたとしても、それを**「より多くの人に提供する」**ことで、**「トータル的な価値提供量は多く」**なり、より大きな成功をつかむことができます。

より高い価値を提供するか、より多くの人に価値を提供するか。

もちろん両方を合わせればさらに大きな成功につながりますが、まずはそれぞれの考え方や方法をお伝えします。

「最大の価値」を生み出す2つの方法

「より高い価値」を提供する

「より多くの人」に価値を提供する

「より高い価値」か「より多くの人」にか。
かけ合わせることができたら最強の価値になる！

「より高い価値」を提供する①
価値をかけ合わせる

世の中には国家資格、民間資格問わず、様々な資格がありますが、それを取ったほとんどの人は、すぐに稼げるわけではありません。「資格を取れば稼げる」と思っている人も多いですが、そんな簡単ではありません。

なぜなら、一緒に学び、切磋琢磨しながら仲間と資格を取ったら、その資格仲間も同じ価値を提供できる人だからです。

他にも同じものを提供できる人が多くいれば、代わりになる人が多いため、それだけ稼ぐことは難しくなっていきます。

多くの人が、人気資格や「すぐに、簡単に取れる」資格に群がりますが、人気資格であればあるほど代わりになる人が増えるため、その他大勢になりがちです。

また「すぐに、簡単に取れる」なら、同じ資格を持っている人が多くなるために、やはり代わりになる人が増え、うまくいかなくなります。

さらにいうと、カウンセリングを学んでカウンセリングの腕を極め、価値提供をしたとしても、すでに何年も前からプロとしてカウンセリングをしている人はいます。

場数を踏んで自分が今から腕を磨いても、他の人もさらに場数を踏んで腕を上げるため、永遠に差が縮まることはありません。

カウンセリングだけでなく、エステでもそうですし、整体、コーチ、コンサルタントなど、様々な業種でも同様です。

このように、自分と同じような価値提供をしている人が多かったり、自分よりも多くの人に価値を提供できる人が他にいると、代わりがいない人になることはできません。

そんなときにやるといいのが、

「価値をかけ合わせる」

ということです。

たとえば、あることを学び、実践&研究し、さらに探求して才能を伸ばしたとします。ここでは、そこそこ稼げるくらいまで試行錯誤することが大事です。

しかし、それだけでは、なかなか抜きん出た存在になることはありません。価値としては、「10人に一人くらいの価値」でしょうか。

そこで別の分野で学び、実践&研究し、さらに探求してきたことを組み合わせます。それを10人に一人くらいの価値に高め、元々のものとかけ合わせて提供すれば、

「1/10 × 1/10」

となり、**「100人に一人しか提供できない価値」**に変わります。

私の場合、最初はカウンセラーとして、主に「メンタル」のことを仕事にしていました。その中でメンタルに関することを探求し、試行錯誤を重ねながら自分独自のメソッドをつくっていきました。

それである程度成果は出せていましたが、メンタルの世界では多くの本を出している人もいて、抜きん出た存在になることはできませんでした。

そんなときに、あることから「波動」というものに触れる機会があり、少しずつ波動について探求し始め、自分の講座で話したり、自分のメソッドに組み込んだりしてきました。そこで「メンタル」に「波動」の分野での価値提供を組み合わせました。

さらに、これまでビジネスについて学び、10年以上実践して成果を出し、また人を雇って会社経営もしてきた経験も活かして、「ビジネスコンサルタント」の価値も提供できるようにしました。

その結果、

「メンタル　×　波動　×　ビジネス」

と3つをかけ合わせることで、波動を使った他にはない心理カウンセリングや経営コンサルティングを実現しています。

それぞれについて、私以上の経験や知識をお持ちの方はいますし、それぞれ単体では私以上に価値提供できる人はいますが、3つをかけ合わせることで他にはない価値に昇華させたのです。

今の時代、情報の垣根が限りなく低くなり、様々な情報を手に入れることができるため、特殊なものがどんどん少なくなっています。

他にも同じようなサービスを提供している場合には、「価値をかけ合わせる」ことは有効な手段となります。

●どんなものが価値になるか？

価値をかけ合わせることが有効な手段であるとわかったものの、ではどんなものが価値になるかが自分ではわからない場合もあります。

その基準としては、

・**時間をかけたもの**
・**一般の人よりも詳しいもの**
・**人が喜んでくれるもの**

といったことを参考にしてください。

「ジャズタクシー」というタクシーをご存じでしょうか？　もう引退されたようですが、安西敏幸さんという方が運転していたタクシーで、タクシーに真空管アンプを搭載し、大好きなジャズを流しながら乗客に楽しんでもらうというものでした。

タクシーは、それこそ世の中にごまんとあります。そこに大好きな趣味であるジャズを組み合わせることで、唯一無二の価値に昇華させたのです。

このように**趣味として時間をかけてずっと楽しみ、普通の人よりも詳しく、そして人が喜んでくれるものを組み合わせる**ことも一つの方法です。

仕事として提供しているもの以外のもので、最低でも1万時間以上かけて取り組んできたものがあるならば、

「それを組み合わせることで誰が喜ぶか?」

を考えてみるといいでしょう。

「より高い価値」を提供する②
「人の価値」を利用する

起業したり、フリーや副業で働く人は、最初は自分一人で様々なことに取り組むこ

とが多いと思います。

私自身も起業当初は、サービス提供だけでなく、ホームページをつくったり、メールで告知、案内をしたり、会場を探して手配したり、入金管理などもすべて自分でやっていました。

それらはすべてが必要なことで、一つでも欠けると価値提供につながりません。一つでも欠けるとお客様に喜びを届けることはできませんし、自分にお金が入ることもありません。

仕事においては、どれも必要不可欠なことであり、どれもすべきことです。

しかし、一連のタスクの中で、「得意なこと、苦手なこと、好きなこと、嫌いなこと、何でもないこと」があるものです。

すべてが好きで得意ということはありません。自分が好きで得意なことだけに集中できれば最高なのですが、実際に価値提供をするのであれば、嫌いなことや苦手なこともしなければなりません。

ただ、嫌いなことや苦手なことをやるのは億劫で、モチベーションも上がらないでしょう。やりたくないから後回しにしたがゆえに、価値提供できる機会も減ってしまう……といったことも少なくありません。

そんな現実問題がある中で、より高い価値を提供するには、**「自分ができないことは、自分よりもできる人に任せ、自分は自分が好きで得意なことに集中する」**ことです。

今、私の会社にはスタッフが4人います。私は、事務的なことや入金管理などがとても苦手なので、そういったことには一切関わっていません。スタッフにすべて任せます。

事務的なことや入金のことなどを私がやると話がややこしくなり、逆にスタッフの仕事が増えてしまうので、私は何もしないようにしています。

そして、私自身はセミナーやコンサルティングに集中し、私を含めた皆が一緒になって一連の仕事をすることで、5人で最大限の価値を提供しているのです。

このように**「人の価値を利用する」ことで、価値を最大化する**ことができます。

・自分でもできるけど、自分以外の人のほうが得意なこと
・専門的なこと
・今から学ぶ必要のあること

こういったことに関しては、人の価値を利用することも価値を最大化する一つの方法です。

「自分でもできるけど、自分以外の人のほうが得意なこと」というのは、読んで字のごとくです。

前述したように、私がスタッフに任せている事務仕事などもそうです。他にも、お客様のロゴマークや名刺などのデザインや、事務所の掃除なども人にお願いしてやってもらいます。

それらは自分でやるよりもクオリティ高くやってくれるのですが、クオリティなどを我慢すれば自分でもできることでもあります。

自分でできることを、お金を払ってやってもらうとき、お金がもったいないと感じ、**「自分でやって、節約したほうがいいのではないか？」**と思うかもしれません。

しかし、お金を払ってやってもらうことで時間が空くうえ、労力も減るため、その仕事に取り組む時間や労力を別のことに費やすことができます。

その時間と労力を、自分が一番価値を生み出すことに費やし、結果としてやってもらうために払った金額以上の売り上げが上がるなら、「人の価値を利用することで、より高い価値が提供できる」ということになります。

また、世の中には**「自分でやったほうが速い」**という理由で、人に任せることができない人もいます。

もちろん最初の頃は、自分でやったほうが速いことは往々にしてあります。しかし、それではいつまで経っても自分が一番好きで得意で、一番価値を生み出せることに集中できません。

「自分でやったほうが速い」と思いがちな人は、最初は我慢が必要ですが、そのうちに**「自分が一人でやるよりも、より多くの価値を創出できる」**ことを知ることが大事です。

「専門的なこと」というのは、専門知識やスキルが介在するもののことです。

弊社では、税務的なことを相談している税理士、法律のことの相談に乗ってもらうための顧問弁護士、YouTubeの動向をチェックし、サポートしてくれるYouTubeのコンサルタント、ホームページやメール配信などのシステムを見てくれているSEなど、様々な人にサポートしてもらっています。

「餅は餅屋」と言いますが、その道の専門家に相談したり、サポートしてもらうことで、**「今まで考えもしなかった世界が広がり、結果的に自分が提供しているものの価値がより高く提供できる」**ようになるのです。

「今から学ぶ必要のあること」というのは、今提供している価値をさらにブラッシュアップするために取り組むことで、改めて学ばないと導入できないことです。

たとえば、これからYouTubeに力を入れていきたいというときに動画編集を学んだり、撮影機材のことや、撮影技術を学んだり……、といったことです。

もちろん学ぶことはいいのですが、今からその道のプロになるわけでもなく、そこまでする必要があるのかと必要性を考えてみて、**学ぶ時間と労力、お金などとの費用対効果を考えたら、それらは誰か他の人にお願いしたほうがいい**でしょう。

何でもかんでも自分でやろうとする前に、学ぶことに費やす時間、労力、お金に見合ったものなのかを吟味することは大事なことです。

「人の価値を利用する」

それは、その人が持っている価値を有効に使うということです。

人の価値を利用することで、自分は最も好きで得意な価値にエネルギーや時間を注ぐことができるため、提供できる価値を最大化することができるのです。

「より高い価値」を提供する③
「見せ方」を意識する

繰り返しになりますが、価値とは「受け取った人が喜ぶこと」です。そして、「より高い価値を提供する」「価値を最大化する」というのは、その喜びが増えるということでもあります。

たとえば、何かものを買ったとします。前からすごく欲しくて、欲しくて、インターネットやYouTubeなどでたくさん調べ、レビューを読み、比較検討し、やっとネットで購入、そして待ちに待ったそれが届く日。

やっと届いたら、ただ段ボールにポンと入れられただけのものと、宝箱のような装丁で宝物が中に入っていることを連想させるようなものと、どちらが喜びは増えるでしょうか？

商品は同じでも、演出の仕方で喜びは大きくも小さくもなります。

・商品の見せ方
・お店の見せ方

「見せ方」一つで、受け取る人の喜びは変わりますし、サクセス・バイブレーションを身につけた代わりがいない人は、そういった細部にも気を配っています。

じつは、私自身は以前そのようなことには無頓着でした。「結果を出せばいい」「実力があればいい」と思っていましたし、見せ方などは、中身の伴わない張りぼてと思っていました。大いなる勘違いです。

結果を出すことは当然、実力があることは当然。そのうえで、さらに**「受け取る人に喜びを増やすのが見せ方」**です。

特に、**波動的にも「品よくする」ことは大事です。下品な見せ方は波動が下がり、クレームや迷惑な人を引き寄せます。**

「商品の見せ方」の場合は、**それを受け取った人が商品の価値以上に喜ばれるように工夫する**ことです。

前述したように、宝箱のように演出することも一つの手です。そして装丁だけでなく、手書きのメッセージ、使い方や注意点をお伝えするなど、無料でできることはたくさんあります。

シリアルナンバーをつけるといったことも、世界で一つだけのものと感じられるので、人によっては嬉しいかもしれません。

「お店の見せ方」に関していうと、一番の基本は「掃除」です。清潔感はとても大事なので、**掃除をすることで波動が変わり、売上も変わります。**

お店全体も大事ですが、その中でも**「トイレ」**はすぐに汚れやすくなるため、いつも清潔にしておく必要があります。

植物を飾ったりして、居心地のいい雰囲気をつくってもいいでしょう。

コーヒーチェーンのスターバックスは、コーヒーの味ではなく、店内の雰囲気や居心地の良さを売っていたというのは有名な話です。

お店の場合、居心地の良さ、また来たくなるといった部分、友達を連れてきたくなる雰囲気などを意識することが大切です。

ただし、お金をかけだすとキリがありません。

掃除、挨拶、店内の明るさなど、ちょっとしたことでできる部分を探し、そこを意識しましょう。

見せ方、これ一つで受け取る人の喜びが増えます。その方法は人により様々ですが、サクセス・バイブレーションを身につけた代わりがいない人は、そういったところにも気を配ることで、より高い価値を生み出しています。ぜひ、売れているモノ、人、お店を研究し、取り入れてみてください。

「より多くの人」に価値を提供する①
ネットの特性と伝え方を知ることで、必要な人に届けられる

今の時代、大量の情報が溢れ、本当に必要な情報が、本当に必要としている人に届きづらくなっています。

ホームページをつくったり、ブログやYouTubeで発信すれば見つけてくれると思っている人もいまだに多いですが、現実はそんなに甘くはありません。

ブログを書いても毎日アクセスが10もいかなかったり、YouTubeで発信してもチャンネル登録どころか再生回数も伸びず、やはり10もいかなかったりすることは普通にあります。

しかし、自分が伝えている情報やサービスを本当に必要としている人は、世界にたくさんいます。ただ、その人に情報が届いていないだけなのです。

ネットの特性を知り、それを有効活用することで、より多くの人に価値を提供する

ことができるようになります。

そのためには、

・メディアの正しい使い方を学び、実践する

・メッセージの伝え方（ポイント、数、頻度）を学び、実践する

ことが大事で、それらが疎かになると、驚くほど必要な人に届かなくなります。

●メディアの正しい使い方を学び、実践する

私自身もYouTubeやSNSなどで発信をしているため、よく、

「ビジネスをしたいのですが、ブログをしたらいいですか？」

「YouTubeはしたほうがいいですか？」

「SNSは何をしたらいいですか？」

といったご質問をいただくことがあります。

今はTwitter、Facebook、インスタグラム、ブログ、YouTube、LINE、メルマガなど様々なメディアがありますが、それらには**「役割と違い」があり、役割を意識した使い方をしないと必要な人に届くことはありません。**

簡単に言うと、

・Twitter、Facebook、インスタグラムは、会ったことのない人との繋がりをつくれるメディア
・ブログ、YouTubeは、情報を届けるメディア
・LINE、メルマガは、関係性を深めるメディア

です。

それぞれに役割があり、出会いから価値提供までの動線を設計することが大事です。

各種メディアの一番の目的は、「信頼関係をつくり、深めること」です。出会いから価値提供までの動線を設計し、その通りに動いてもらうことで、最終的に、

・あなたから買いたい
・あなただからお願いしたい

と思っていただけるようにすることです。

メディアを正しく使って情報発信をすることで、まだ出会っていない「自分のサービスを必要としている人」に出会い、そういった人たち一人ひとりに「あなたから買いたい」と思ってもらうと、より多くの人に価値を届けられるようになります。

●メッセージの伝え方を学び、実践する

メディアの正しい使い方を学び実践しても、メッセージの伝え方がズレていると、

本当に必要としている人にそれが届きません。
自分の伝えたいことを本当に必要としている人に届けるには、

・ポイント
・発信数
・接触頻度

が大事になります。

「ポイント」というのは、

・どんな人が必要としているのか？
・相手が求めていることは何なのか？
・自分と関わるとどうなれるのか？

というものです。

これらのポイントを外すと、必要としている人に届くことはありません。

よくありがちなのが、自分が発信したいことを発信しているものの、それは自分のサービスを必要としている人が求めているものではないという状況です。

自分の発信やサービスを必要としている人のことを知り、もしくは想像し、その人に今必要なメッセージを送ることが大事で、それをしない限りはそのメッセージが届くことはありません。

「発信数」というのは、「発信してきた数」のことです。

数は力と言いますが、多くの量を発信すればするほど力を発揮します。ブログだと記事数、YouTubeだと動画数です。

いくらいいことを言っていても、いくら必要なメッセージを出したとしても、発信数が少なければ必要としている人にはなかなか届きません。

YouTubeの場合は「まずは100本アップする」と言われていましたが、「それくらい発信して、ようやく少し見てもらえるようになる」というのが実情です。

そして、必要としている人に対しての良質なメッセージをたくさん発信することが大事です。

そして**「接触頻度」**。人は接触頻度が多い人のことを信頼し、重要な存在に思うようになります。できれば毎日接触できるほうが、メッセージは届きやすくなります。

週に一度だけの発信という方もいますが、それでは、自分のほうがその人に最適な、必要なメッセージを持っているにもかかわらず、毎日発信している同業者にお客を取られてしまいます。できれば毎日、少なくとも2日に1度は接触できるように発信していくことが大事です。

ここでは具体的な方法は避け、考え方のみをお伝えさせていただきましたが、ネットを上手に活用できれば、まだ出会っていない多くの人に価値を届けられるようになります。ぜひ、ネットの活用方法を学び、有効活用してください。

「より多くの人」に価値を提供する②
コラボなど「関わる人」を増やす

「関わる人」を増やすことで、さらに多くの価値を提供できるようになります。

具体的に言うと、何か**「価値提供している人同士が、コラボやジョイントをしたり、それぞれ応援し合ったりする」**ことで、提供できる価値をさらに増やすことができるのです。

それがよく見られるのはYouTubeの世界です。ユーチューバーの方が、様々な方とコラボしているのを見ることがあると思います。

ファッションの世界でも、たとえばノースフェイスというアウトドアブランドとグッチがコラボしたり、セレクトショップとブランドがコラボしたりといったことはよく見られます。

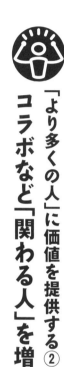

また「○○さん監修」のように、影響力のある人と、何かものを売っているメーカーとのコラボ製作などもよく見られます。

このように関わる人を増やすことで、より多くの人に価値を提供できるようになります。事実、自分一人では届けられることに限界がありますが、**誰かとコラボをすることで、コラボをしたその人とつながっている人にまでメッセージを届けることができる**ようになります。

また弊社で毎月開催しているエネルギーワークでは、一人で取り組むよりも、2人、3人と人を増やしてエネルギーワークをすることで、どんどん循環するエネルギーが大きくなることを体感してもらいます。

現実でもそれは同じで、関わる人を増やすことで、より大きなエネルギーが動き出し、多くの人を巻き込むことができるようになります。

以上お話ししたように、

・より高い価値を提供する
・より多くの人に価値を提供する

ための様々なことに取り組み、多くの人に影響を与え、自分の才能を発揮し、自分自身が喜びながら、多くの喜びを生み出してください。

より多くの価値を生み出すほど、より貴重で、代わりがいない人になれます。

第5章
さらに強い波動を手に入れ、成功し続ける秘訣

「もっと高みへ」といつも挑戦していく！

「成功した多くの人が、そのとき限りで消える」という現実

ここまで、「サクセス・バイブレーションを身につけるための3つの基礎力」をお伝えしてきました。

- **「自分にしかできない才能・スキル」を磨く**
- **「多くの人にいい影響を与える人間関係力」を持つ**
- **「最大の価値を創造する力」を身につける**

これらはすぐに身につくものではありませんが、お伝えしたことを実践していくことで少しずつ波動が高く、強くなり、それに応じて成果が出てきます。

3つの基礎力とお伝えしたように、これまでのことは、すべてのベースとなり、磨けば磨くほど力となるものです。

そこで、それらの力を補完し、さらに強いサクセス・バイブレーションを身につけるコツがあります。

実は、サクセス・バイブレーションを身につけることで成功することはできますが、成功し続ける人は多くはありません。

このことはあまり知られてはいませんが、**「成功した多くの人が、そのとき限りの成功で終わってしまう」**のです。

成功することと成功し続けることには、深くて大きな溝があります。

ここでは「さらに強いサクセス・バイブレーションを身につけ、成功し続ける」ための様々な秘訣をお伝えします。

「自分の見せ方」で波動を高く、強くする

成功し続けるためには、**「人から自分がどう見えるか」**ということはとても大切なことです。

自分を売る商売や営業職の方は、「あなたから買いたい」と言ってもらえるようになればとても強いですし、サクセス・バイブレーションを身につけた代わりがいない人は、そういうことを言われる人です。

ちなみに、**人が「この人は仕事ができる」と判断するのは一瞬のことで、「見た目で判断する」**ものです。自分の見せ方一つで波動は高くもできますし、強くもできます。

そのために大切なのは、

・**「清潔感」を保つ**

- **「品性・品格」を大事にする**
- **「ツヤ」を出す**
- **「丁寧で正確な言葉遣い」を意識する**
- **「高価なもの」を身につける**

です。

「清潔感」はとても大切な要素で、もちろん波動的にも大切ですが、そもそも清潔感がないと信頼もされません。

服装だけでなく、髪、爪、肌、靴、鞄、そして見えない部分の肌着、そういった細部においても清潔感を大切にしてください。手をかけてあげると波動は高くなります。

そして抽象的にはなりますが、**「品性・品格」**は大事です。波動が高い人は皆、言動に「品」があり、品を高めることで見える現実は変化していきます。

清潔感が満たされたら、**「ツヤ」**も意識するといいですね。**髪のツヤ、爪のツヤ、肌のツヤ、靴のツヤ、鞄のツヤ……**。ツヤがあると波動が高くなり、運気もアップします。

サクセス・バイブレーションを身につけた代わりがいない人ほど、**「丁寧で正確な言葉遣い」**を意識しています。

細かな話ですが、敬語の使い方などに敏感な人もいますので、ちょっと学び、ちょっと気をつけるだけでできることは、身につけておいたほうがいいでしょう。

そうやって、波動を高くするとともに、さらに強くするためには、**「高価なもの」を身につける**ことが有効です。

波動の強さは影響力に関係しています。波動が強いほど影響力が高くなり、自分に都合のいいように現実が展開しやすくなるのです。

「お金はエネルギー」という言葉をお聞きになったことがあると思います。

成功に必要な「人から自分がどう見えるか」という意識

「清潔感」を保つ

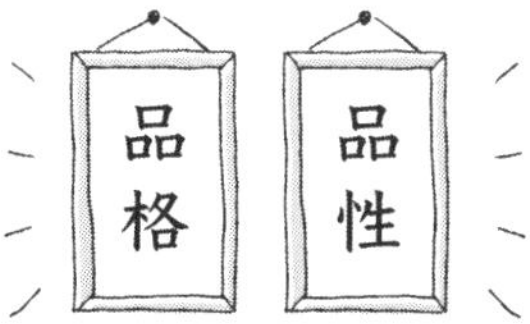

「品性・品格」を
大事にする

「ツヤ」を出す

「高価なもの」
を身につける

「丁寧で正確な言葉遣い」
を意識する

人が「この人は仕事ができる！」と判断するのは一瞬。
「見た目」で判断される。

高価なものは、多くのお金と交換されるものなので、そこには大量のエネルギーが宿っています。**波動の強さはエネルギーの量と関係し、エネルギー量が多いとそれだけ波動は強くなります。**

つまり、**高価なものには大量のエネルギーが宿っているため、それを身につけると自分のエネルギーが補完され、その分だけ波動を強くする**ことができるのです。

私の知り合いで、地方でインターネット企業の役員をしている方がいます。

その方は、「東京での少し大きめの商談があるとき、一番いいスーツを着て、一番いい時計をして、グリーン車に乗って商談に臨むと、自分のペースで仕事が進みやすくなる」とおっしゃっていました。

高価なものには波動を強くする効果があるため、相手よりも波動が強くなり、商談が自分のペースで進みます。この方だけでなく、成功する人は、無意識的にそういったことを実行しています。

見せびらかすためや、偉そうにするために高価なものを身につけるのではなく、状況が自分にとって都合よく進みやすくするために高価なものを身につけるのです。

ちなみに、**見せびらかすためや、偉そうにするため、自己顕示欲を満たすために、高価なものを身につけると、途端に「下品」になり波動が下がる**ので、取り扱いには注意が必要です。

服、アクセサリー、鞄、時計など、**「身の丈よりも少しだけ高価なもの」**を身につけてみましょう。いきなりハイブランドのものというのではなく、少しずつがポイントです。いきなりハイブランドのものを買ったとしても、波動が違いすぎて自分に合わなかったり、もったいなくて身につけなかったりして、本末転倒になってしまいます。身の丈よりも少し上のものが効果的に作用するでしょう。

学び、健康、環境などに、積極的に「自己投資」しよう

世界一の投資家として有名なウォーレン・バフェットが、一番利回りのいい投資先

について言及したことがあります。一番利回りのいい投資とは何かというと、

「自分への投資」

です。

サクセス・バイブレーションを身につけた代わりがいない人は、他にはない方法やスキルで多くの人に喜びを与えています。

自分の才能がさらに開花すること、自分の腕がさらに上がること、自分のサービスをさらに多くの人に届けること、そのために積極的に自己投資をしましょう。

自己投資し、他にはないレベルに成長したり、必要としている多くの人に届けることで、サクセス・バイブレーションはより強くなっていきます。

また、自己投資とは学びだけではなく、**健康への投資、着るものや身につけるものへの投資、場所や所有物への投資などを行っても、自分の波動を高く、強くします。**

前述しましたが、お金はエネルギーなので、自分に多くのお金を使うことで、多くのエネルギーが宿ります。

自己投資によって自分に多くのお金を使ってあげることで、波動は強くなるのです。

ちなみに、自己投資をすることに罪悪感を持つ人がいます。そういう人は、

「自分にお金を使っていいのだろうか？」

「もっと他にも分配したほうがいいんじゃないだろうか？」

などと考えてしまいます。

もちろん自分だけにお金を使うのではなく、家族がいたら家族に回すことも大事ですし、支援したい人や団体に回すことも素晴らしいことです。それらもぜひ実行してください。

自己投資は、自分だけにお金を使うというわけではありません。

仕事において、

・自分にしか提供できないことの質をさらに高める
・自分にしか提供できない人に、さらによりよくなってもらう
・まだ出会っていないが、自分にしか提供できない人に出会う

ということを進めていくには、さらなる成長が必要であり、そのためにはさらなる自己投資が必要です。

自己投資とは、さらなる喜びを生み出すための行為です。

「自己投資して自分が成長することで、より多くの価値提供ができ、より多くの喜びを生み出せる」

そう捉えていくと、自分にお金を使うことの罪悪感は薄れていくでしょう。

成功し続ける人は、「お金の使いみち」を真剣に考える

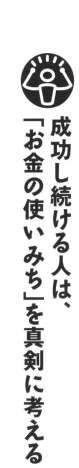

自分で商売を始めたものの、失敗してしまう人の特徴の一つに、

「場所などにお金を使いすぎる」

というものがあります。

「いいものであれば、それに見合った人が来る」と信じ、まだ稼ぎがないのに場所やモノにお金を使う……。そうやって資金が回らなくなり、商売をたたまざるを得なくなる方が非常に多いのです。

それはうまくいってからも同じで、必要以上に人を雇ったり、必要以上にいい場所に事務所を構えたりといったことをしがちです。

一方、**うまくいく人は、最初は限りなくお金をかけません。**

うまくいってからも、人件費や場所代といった経費はなるべく少なくし、お金をかけなくても効果的に価値提供ができることを追求します。

私自身、今でこそ東京の表参道にオフィスを構えていますが、仕事を始めたときは自宅兼オフィスでしたし、セッションや商談はホテルのラウンジを使い、今でも大人数のセミナーは、様々なところをお借りしてやっています。

表参道のオフィスを構えるときも、自分のサービスの値段や売上、お客様の層などを考慮し、売上と家賃、そしてオフィスを借りることで予想される売上アップなどを想定して探しました。

「何にお金を使って、何に使わないか?」ということは慎重にしないといけません。

前述したように「自己投資」は大切ですが、それは将来的に大きく返ってくるからで、返ってこない出費は「浪費」になってしまいます。

とくに毎月出ていく固定費や経費は、「それが利益を生み出すものかどうか?」をよく考えることが必要です。

最初は限りなくお金は使わないとはお伝えしましたが、私は独立当初、20万円くらいでパソコンを買いました。そのパソコンが使えなくなるまで何百万円～１０００万円は生み出したので、とても大きなリターンのある投資でした。

しかし、前述したように、お金をかけなくてもいいところには極力お金をかけず、とにかく知恵とアイデアを出して価値提供をしていきました。

「売れない人はお金を使い、成功し続ける人は知恵を使う」

ものです。

お金をかけるべきところには思い切ってかける必要はありますが、自己投資といって何でもかんでもお金を使うのではなく、まずは知恵を絞り、アイデアを出しましょう。

そして大事なことは、**「入ってくるお金は、お客様からいただいたもの」**という考え方です。

「お金の使いみち」を検討することは、そのままお客様への「誠実さ」に繋がります。

誠実さは、品性・品格を高め、波動の高さや強さに影響します。常に、そういったマインドを持ち続けることが、成功し続ける原動力にもなっていきます。

「波動のいい場所」で仕事をしよう

サクセス・バイブレーションを身につけた代わりがいない人は、**「自分がいる場所」**にこだわります。場所にこだわることはかなり大事で、仕事に影響を及ぼすからです。

人は、どんな場所で仕事をするかで、

・思いつくアイデア
・入ってくる情報
・仕事の効率

が変わります。

波動のいい場所で仕事をすると、いいアイデアを思いつき、いい情報にアクセスし、仕事がはかどります。逆に、よくない波動の場所で仕事をすると、否定的なアイデアが出てきて、否定的な情報を見て、仕事ははかどらなくなります。

波動のいい場所とは、単純に明るくて、気持ちがよく、穏やかで、雰囲気のいい場所です。

一人で仕事をしている人は、たまには気持ちのいいカフェを利用すると、結構仕事がはかどったりします。

大事な商談なのにコーヒーチェーンなどのカフェを利用する方がいますが、いいホテルのラウンジなどを利用したほうが、話がスムーズに進むでしょう。

事務所や店舗を持っている人は、波動のいい場所に構えることは大事です。その地域、土地、建物、それぞれに波動があります。社員を雇っている方は、その場所の波動に応じた社員が集まります。

弊社では、コンサルティングの一環で、**会社の波動を高くするための「お清め」**を実施しますが、お清めをすると、問題社員があぶり出される出来事が起こることがよくあります。

お清めを実施するまでは、誰かが問題を起こしていたことはわからないのですが、場所の波動を高くすると、その波動に合わない人があぶり出され、離れていきます。

その後、新しい高い波動に合う社員が引き寄せられます。

そういったことがよく起こるのですが、起こるたびに場所の波動の影響の強さをいつも感じます。

だからこそ仕事をする場所は、波動のいい場所にすることが大事です。ちなみに高級住宅地は、波動のいい場所にあったりすることが多いです。

成功するためには「波動のいい場所」は必須！

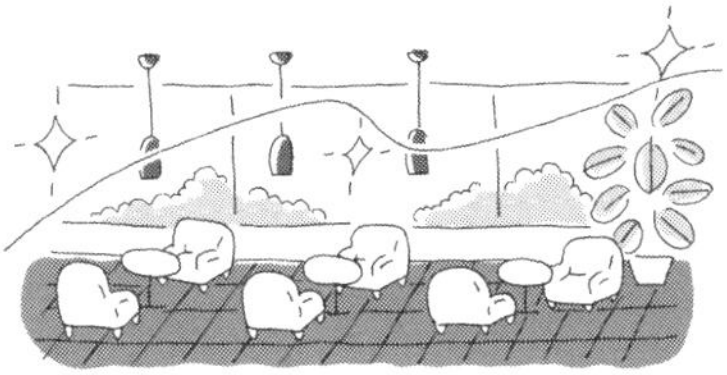

明るく、気持ちがよく、穏やかで、
雰囲気のいい場所

掃除・整理整頓する

不要品を捨てる

常に仕事場をお清めする、掃除する、整理整頓する、
不要品を捨てることで波動のいい場所になり、
幸運がやってくる。

一方、治安が悪い場所は、地域の波動が荒れていたりするので、そういった場所は避けたほうが無難です。

すでに**事務所や店舗を構え、動くことができない場合には、建物の中を掃除、整理整頓することが最低限大事**なことです。

波動の高い場所である神社では、何十年、何百年と毎日祝詞《のりと》を上げ、掃除をすることで高い波動を維持しています。それくらい「掃除」という行為は大事なことなのです。もし今、不要なものがたくさんある場合は、掃除の前にまず**「不要品の断捨離」から始める**と波動は変わります。

波動のいい場所にいると、いい人材に恵まれ、いいアイデアを思いつき、いい情報が入り、仕事の効率も変わります。だからこそ「どんな場所で仕事をするか?」にこだわることがとても大事です。

波動の強さは、「目標を設定し、達成しきる」ことで得られる

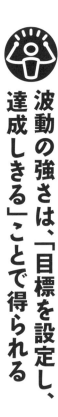

影響力の鍵となる波動の「強さ」ですが、前述したように一朝一夕で身につくものではありません。コツコツ取り組むことで、波動は少しずつ強くなっていきます。

コツコツ取り組むことでお勧めなことの一つが、

「目標を設定し、達成しきる」

というものです。

たとえば、商売をされている方であれば、毎月の売り上げ目標を決め、何としてでもそれを達成するために行動することです。

この「達成しきる」ということがポイントで、**どんなことがあっても、どんなことをしても、何としてでも達成する**ことです。

波動が強くならない多くの人は月末になると、「まあいいか」「今月は仕方ないか」「来月頑張ろう」と思うものです。それでは波動は強くならないし、経験値も能力もアップしません。

そうではなく、何としてでも達成しようとすることが大事です。

達成するために必要なことは何か?
達成するためにまだやれることはないか?
達成するためには声をかける人はいないか?
もっとできることはないか?

そうやって様々な問いかけを自分にし、アイデアを絞り出し、実行する。

そうすることで、自分の中に多くの経験知を積むことができ、知識やアイデアの引き出しが増えていきます。

「まあいいか」と諦める人と、達成するためにあがく人とでは、この部分が圧倒的な違いを生み出します。このことが毎月あれば、たとえ一年でも大きな差になります。

そうやって、何とかして達成しきると、やることをやったという自信、達成できたという自信、それらの自信が波動の強さに変わるのです。

「浄財」することで、邪気から身を護る！

「浄財《じょうざい》」という言葉をお聞きになったことはありますか？

辞書で調べると「慈善などのため（個人の利益を離れて）寄付する金銭」とあります。

成功し続ける成功者は、この浄財を積極的に行っています。

浄財の文字だけを読むと、「財を浄《きよ》める」と書きます。

成果を出したり、多くのお金を得たり、多くの人の人気を得たりするというのは、それだけ多くの価値を提供し、多くの喜びを生み出しているからなのですが、そのことを快く思わない人もいます。

さらに、やっかみを受けたり、嫉妬されたり、陰口を言われたり……、最近は、S

NSでの誹謗中傷が社会問題にもなっています。

そういった人の想いは**マイナスの想念、「邪気」となって、成功した人の波動を下げるため、変なトラブルに巻き込まれたり、病気になったり、事業がうまくいかなくなったり**といったことが起こります。

成功し続ける人は、そんな邪気を避けるために財を浄めます。

それが浄財です。

海外では、成功した人が慈善団体に多額の寄付をするニュースが流れたりしますが、じつのところは浄財の一環です。宗教的な教えの中に「収入の10％を寄付しなさい」といったものがあるため、その影響もあるとは思いますが、浄財をすることで変なトラブルを避け、繁栄し続けることができるからです。

神社やお寺に行くと、賽銭《さいせん》箱に「浄財」と書かれたものがあります。古代中国では、お金には、災いや汚《けが》れを磁石のように吸い付ける力があるとされていました。

「浄財」することで、邪気から身を護り、成功し続ける!

神社やお寺への奉納、慈善事業への寄付、
クラウドファンディングでの支援などに
大切なお金を使うことで、成功し続ける人になる！

持っているお金を賽銭箱に入れることで、体の汚れ（病気や災い）を浄化すると考えられてきたのです。

神社やお寺における浄財もお賽銭も、お金を清めてくれる場所であり、それは結果として自分自身の心身の浄化に繋がります。払《はら》うと祓《はら》うは同じ意味で、**神社やお寺にお金を払うことで邪気を祓い、お清めをしているのです。**

このように、**浄財には波動を高くする効果があり、すればするほど自分が清められるため、成功することで集めるマイナスの想念の影響を受けにくくなります。**

神社やお寺への奉納、慈善事業への寄付、クラウドファンディングでの支援など、大切なお金を自分以外のことのために使うことで、成功し続ける人になっていくことができるでしょう。

「『お陰様』を忘れない」ことが、強い波動を維持する基本

サクセス・バイブレーションを身につけた代わりがいない人は、社会的には成功していきます。

しかし、**「成功することと、成功し続けることは別の能力が必要」**で、成功し続けられない人は驚くほどいます。

成功し続けられない人にありがちなのが、**「傲慢になる」「成長が止まる」**といったことです。傲慢になると、言葉遣いが汚くなったり、約束を守らなくなったりして、その人のまわりから人が離れていきます。

すると3つの基礎力の一つである「人間関係力」がなくなり、波動が弱まり、うまくいかなくなっていきます。

また一時の成功に浮かれ、成長が止まると、今の時代は流れが非常に速いため、自分よりも優れたサービスを提供する人が現れ、ほかの人に取って代わられてしまいます。

そうやって一度は成功したものの、それが一時的なものに終わり、うまくいかなくなる人がとても多いのです。

そうならないために大切なのが、

「『お陰さま』を忘れない」

ということです。

自分の成功があるのは、多くの人のお陰であって、自分だけの力でできたわけではありません。

支えてくれた人のお陰、選んでくださった人のお陰、応援し続けてくれた人のお陰と感じていると、傲慢になることはなくなります。

自分を選んでくださった人のお陰を感じていると、さらに成長しようという気持ちが出て、成長が止まるということがなくなります。

昔から「実るほど頭《こうべ》を垂れる稲穂かな」と言います。豊かに実ったときほど謙虚な気持ちになり、お陰さまを感じていくことが大事で、それこそが成功し続ける秘訣でもあるのです。

あとがき

本書では、サクセス・バイブレーションを身につけた代わりがいない人になるための要素をお伝えしました。15年ほど前の私は、サラリーマンから独立したばかりで、今に至る知識もスキルも何もなく、本当に裸一貫からのスタートでした。

世の中では派手な成功法則が語られ、なかなか大きな成果に結びつかない私は、「どこが間違っているのか？」「自分のどこを変えればいいのか？」と焦るばかりでした。しかし、今思うと答えは単純で、「まだまだ実力不足」、ただそれだけでした。

今の自分から当時の自分にアドバイスを送るとすれば、ただ一つ。「自分を信じ、時間をかけて腕を磨くのみ」です。

今ではこうやって本を出させていただいていますが、最初の本を出版させていただいたさらに5年ほど前、本業で実績が出だした私は、出版に向けてアプローチをしたことがありました。

しかし、企画書を作成してプレゼンをしてもまったく響かない！　それも答えはやはり同じで「まだ実力不足」でした。

このときにはそれは自覚していたため、「自分からアプローチすることはやめ、出版社から声がかかるまで実力を磨き、実績を作る」と決めました。出版はいったん諦め、腕を磨くことに専念したところ、その数年後、本当に出版社からお声がかかり、本を出させていただくことになったのです。

「ローマは一日にして成らず」という言葉がありますが、「一瞬で変わる！」といったお話が受ける今日この頃において、サクセス・バイブレーションを身につける要素はいずれも時間をかけて培っていくものです。さらに言うと最初の変化は小さなものです。それでもたゆまぬ努力を続けることで、サクセス・バイブレーションが身につき、代わりがいない人に成長していくことができるのです。

また最初の変化は小さくとも、それを続けていくと変化量が次第に大きくなっていくのもサクセス・バイブレーションの特徴です。やればやるほど、続ければ続けるほど、強い波動が身につきます。

そして一度身についたサクセス・バイブレーションは、衰えることはありません。ぜひ1年、3年、5年と続けていってください。その努力は波動となり、必ずあなたの人生をよりよいものに変えてくれますから。

最後に、様々な企画を考え、ときにはアドバイスをいただきながら、私の知識やこれまでの経験を本という形として残してくださる遠藤励起さん、弊社クライアントの皆さま、八福会、ビジネスアカデミー、波動倶楽部の皆さま、YouTubeの視聴者の皆さま、多くの方のご協力のお陰で本書を書かせていただきました。

特にクライアントの皆さまや講座生の皆さまが、私の経験だけではなく、アドバイスを信じ、実行し、成果を出してくださっているからこそ、この本ができ、さらに多くの皆さまと分かち合えるのです。

いつも感謝をしています。本当にありがとうございます。

桑名正典

成功している人がやっている波動の習慣

2021年12月10日　第1刷発行
2022年 1 月26日　第2刷発行

著　　者：桑名正典
発 行 人：松井謙介
編 集 人：長崎　有
企画編集：宍戸宏隆

発 行 所：株式会社　ワン・パブリッシング
〒110-0005　東京都台東区上野3-24-6

印 刷 所：中央精版印刷株式会社

●この本に関する各種のお問い合わせ先
本の内容については、下記サイトのお問い合わせフォームよりお願いします。
https://one-publishing.co.jp/contact/
在庫・注文については　書店専用受注センター　Tel 0570-000346
不良品（落丁、乱丁）については　Tel 0570-092555
業務センター　〒354-0045　埼玉県入間郡三芳町上富279-1